英汉法医遗传学词典

English-Chinese Forensic Genetics Glossary

李成涛　侯一平　主　编

科学出版社

北京

内 容 简 介

　　本书是一本专门介绍法医遗传学的英汉词典。全书收释词目近 981 条,涉及法医遗传学、法医人类学并适当收集相关学科如基因组学、生物信息学、表观遗传学以及部分医学统计学的词条,尽可能简要地阐明基本概念和原理。

　　本书适合公安、司法、检察院等公共安全领域内的 DNA 鉴定工作者、各大高校教师和研究生、本科生、律师等的参考用书。全书参考了大量的国内外文献,内容丰富,对法医遗传学的理论研究和实践有较强的指导作用。

图书在版编目(CIP)数据

英汉法医遗传学词典 = English-Chinese Forensic
Genetics Glossary / 李成涛,侯一平主编 . —北京:
科学出版社,2012.9
　　ISBN 978-7-03-035420-4

　　Ⅰ.①英… Ⅱ.①李… ②侯… Ⅲ.①法医学-医学
遗传学-词典-英、汉 Ⅳ.①D919-61

中国版本图书馆 CIP 数据核字(2012)第 203728 号

责任编辑:潘志坚 闵 捷 / 责任校对:刘珊珊
责任印制:刘 学 　　　/ 封面设计:殷 靓

科学出版社 出版
北京东黄城根北街 16 号
邮政编码:100717
http://www.sciencep.com

南京展望文化发展有限公司排版
上海欧阳印刷厂有限公司印刷
科学出版社发行 各地新华书店经销
*
2012 年 9 月第 一 版 开本:A5(890×1240)
2012 年 9 月第一次印刷 印张:5 1/4
字数:174 000
定价:40.00 元

《英汉法医遗传学词典》编写人员

主　编　李成涛　侯一平

副主编　赵书民　张素华

前　　言

　　法医遗传学同其他科学一样是在长期的社会实践中,特别是在司法鉴定实践中逐步形成并发展起来的。随着近二十年来遗传学、分子生物学、发育生物学、细胞生物学及医学等学科研究的突飞猛进和基因组学、蛋白质组学和生物信息学等新兴学科的兴起,法医遗传学有了很大的发展,一大批崭新的技术、方法得以开发并在司法鉴定中得到了愈来愈广泛的应用,法医遗传学的内涵也越来越丰富,不断提出了一些新概念、新术语甚至形成了一些新的边缘学科如法医植物学、法医昆虫学等。因此,法医遗传学领域的科学文献中也不断出现新的术语,或赋予原有的术语以新的内涵或建立了许多新的实验系统或技术平台,这些都需要对法医遗传学领域的专业词汇进行整理和规范。正是在这种情况下,编者编写了《英汉法医遗传学词典》,尽可能广泛地收集专业术语,并作出必要的诠释,希望能有助于广大读者更好地阅读学术文献,理解其科学内容。

　　本书的词汇和诠释主要来源于编者平时阅读的专业文献和下列出版物:

　　1. 侯一平. 法医物证学(第三版). 2010. 北京:人民卫生出版社.

　　2. 张继宗. 法医人类学(第二版). 2009. 北京:人民卫生出版社.

　　3. 丛斌,常林. 法医法学(第二版). 2010. 北京:人民卫生出版社.

　　4. 赵寿元. 英汉遗传工程词典(第三版). 2003. 上海:复旦大学出版社.

5. ［美］本杰明·卢因. 基因Ⅷ. 余龙、江松敏、赵寿元主译. 2005. 北京：科学出版社.

6. 方积乾. 医学统计学与电脑实验（第二版）. 2001. 上海：上海科学技术出版社.

7. 全国科学技术名词审定委员会. 遗传学名词（第二版）. 2006. 北京：科学出版社.

由于这一领域的发展极为迅速以及限于我们的学识和精力，这本书还有许多不足之处，我们将虚心吸取广大读者的批评与建议，争取在再版中给予弥补。

本书的出版得到了中华人民共和国科学技术部"十二五"科技支撑计划（2012BAK16B01）的大力支持，在此表示衷心的感谢。

编 者

2012 年 4 月

目　　录

A　腺嘌呤　参见 adenine。

aberrant secretors　矛盾分泌型　指 Asec 或 Bsec 人唾液中只分泌 H 物质，而不分泌 A 或 B 物质；或只分泌 A 或 B 物质，而不分泌 H 物质。其出现率为 4.0%～10.3%。矛盾分泌型的发生机制尚不十分明确，这一现象在法医学检验实践中应受到高度重视。

ABO blood group　ABO 血型　ABO 血型是第一个被发现的人类血型系统。用 ABO 血型可将人类简单地分为 A、B、AB 和 O 等 4 种类型，任何一个人只能是其中一种。ABO 血型是根据红细胞与特异性抗体的反应来进行分型的。ABO 血型系统存在部分亚型、弱亚型与变异型，在检测时需加以注意。

absorption test　吸收试验　即吸收-抑制试验（absorption-inhibition test）。原理：血痕中的 A、B、H 血型物质，能与相应的抗-A、抗-B、抗-H 抗体发生特异性的结合，使抗血清中的游离抗体减少或消失，不能再与相应的 A、B、O 型指示红细胞发生凝集反应。若血痕中无某种 ABH 抗原，则不能抑制抗血清中的相应抗体，抗体与相应的指示红细胞会发生凝集反应，其反应的强度没有变化。根据抗血清在与血痕吸收反应前后的效价改变情况，可推断血痕所含的血型抗原种类，判断血痕的 ABO 血型。

absorption-elution test　吸收-解离试验　参见 elution test。

absorption-inhibition test　吸收-抑制试验　参见 absorption test。

A-chromosome　A 染色体　对于生物体的生命活动是必不可少的、并具有显著生理和形态效应的染色体。每一个物种的所有个体都有相同的 A 染色体。

acid phosphatase（ACP）　酸性磷酸酶　是一组在酸性条件下催化磷酸单酯水解的酶类，又称之为酸性磷酸酯酶。ACP 分子质量为 15～20 kDa，等电

A

点为 5~7,酶促反应最适 pH 为 5.5,能催化正磷酸单酯水解成磷酸和醇。精液的主要成分前列腺分泌液中含有大量的酸性磷酸酶,浓度为 540~4 000 u/ml,较其他体液、分泌液及脏器的含量高 100 倍以上。酸性磷酸酶检验常用作精液(斑)的预实验。

ACP 酸性磷酸酶 参见 acid phosphatase。

adaptor RNA 连接 RNA 即转移 RNA(tRNA)。参见 tRNA。

adenine(A) 腺嘌呤 嘌呤碱的一种,主要参加 DNA 和 RNA 的合成。

additive allelic effects 可加等位基因效应 等位基因以线性方式增加或减少表型值的效应。

A‑DNA A 型 DNA 这是 DNA 双螺旋结构的一种构象。右手螺旋 DNA,相邻碱基对之间相距 0.27 nm。在 75% 相对湿度条件下,DNA 分子的每匝螺旋有 11 个碱基对,碱基平面与螺旋轴成 20°倾角。参阅 B‑DNA。

AF 有争议的父亲 参见 alleged father。

agarose gel 琼脂糖凝胶 一种惰性基质,用于电泳分离大小或结构不同的核酸分子。凝胶可制成管状或板状,现在更多的是用板状。利用溴化乙锭(EB)的紫外荧光可以看到凝胶中的核酸分子;溴化乙锭也可以加在电泳缓冲液里,在电泳结束后用来染色凝胶。

agglutination reaction 凝集反应 指在颗粒性抗原悬液中加入对应的抗体,抗体与抗原决定簇特异性结合,使颗粒性抗原集聚成团块的现象。红细胞血型的检测通常应用凝集反应,红细胞与对应的抗体发生的凝集反应称作红细胞凝集反应。

alignment 比对 DNA 分子的核苷酸序列或蛋白质分子的氨基酸序列进行排列比较。

alkaline hydrolysis 碱水解 用高 pH 去降解或水解化合物的某一个键。对核酸来说,在高 pH 下,RNA 核糖上的 2′羟基将作用于 3′磷酸二酯键。由于 DNA 在脱氧核糖上的 2′位上没有羟基,所以对碱水解是稳定的。

alkaline lysis procedure 碱裂解法 用于抽提质粒 DNA、噬菌体 M13 DNA 等的一种方法。

alkaline phosphatase 碱性磷酸酶 碱性磷酸酶可切除线状 DNA 分子 5′端的磷酸根。它用来防止质粒载体分子在被一种限制性内切酶切割后重新连接。这可增加连接酶反应产生的完整环状分子为重组分子的机会。

alleged father(AF) 有争议的父亲 需要确定与小孩有无亲子关系的男子,即假设父亲。

alleged mother(AM) 有争议的母亲 需要确定与小孩有无亲子关系的女

子,即假设母亲。

allele　等位基因　同一个基因座上的基因可以有多个,它们之间存在 DNA 一级结构的差异,这种有差异的基因互称为等位基因。对群体而言,一个基因座上具有 3 种或者 3 种以上的等位基因,称为复等位基因。例如 ABO 血型基因座上常见的等位基因有 A、B 和 O 三个,是一个具有复等位基因的基因座。

allelic drop-out　等位基因丢失　由于小卫星 VNTR 基因座等遗传标记不同等位基因间片段长度相差较大,扩增效率不一致,使较小的等位基因优先扩增,从而导致较大的等位基因脱逸、漏检,将杂合子误判为纯合子,这种现象称为等位基因丢失。等位基因丢失一般在模板量较小时更易发生。

allelic frequency　等位基因频率　指群体中某种等位基因数目占该基因座上所有等位基因总数目的百分比。在一个基因座上,无论有多少等位基因,所有等位基因的频率之和应为 1。

allelic ladder　等位基因分型参照物　等位基因分型标准物由目标基因座上所有等位基因混合组成,其中每一个片段的重复次数都是已知的。在同一电泳条件下,样本的等位基因与标准物对比即可确定其基因型。

allele-specific oligonucleotide(ASO)　等位基因专一的寡核苷酸即等位基因特异性寡核苷酸　指人工合成的、与某一基因的特定片段互补的寡核苷酸序列,通常是该基因出现点突变的"热点区",可结合变性梯度凝胶电泳等技术来鉴别和检测点突变的核苷酸位置。如地中海贫血症遗传病有许多种亚型,这是由编码血红蛋白肽链的基因在不同位置上发生了点突变,等位基因专一的寡核苷酸就是合成野生型基因的一个片段,用以检出基因发生突变的核苷酸位置。

alleles-specific oligonucleotide probe　等位基因特异性寡核苷酸探针　根据等位基因的序列差异,设计并合成针对不同等位基因的 DNA 探针,称等位基因特异性寡核苷酸探针。

allele exclusion　等位基因互斥　一个杂合个体的细胞只表达一对等位基因中的一个,这种现象称为等位基因互斥。例如,每一个 B 淋巴细胞克隆只表达免疫球蛋白基因中的一种等位基因,如只产生 κ 链或 λ 链,而不会既产生 κ 链又产生 λ 链。

allelic heterogeneity　等位基因异质性　一个基因有多种突变,引起多种异常表型(如疾病)。

alpha-satellite DNA family　α 卫星 DNA 家族　α 卫星 DNA 家族是包括人类在内的灵长类染色体着丝粒的 DNA 重复序列。单体是 171 bp,串联排列可达 250 kb 至 400 kb,重复序列之间没有其他非卫星 DNA。不同染色体着丝粒的 α 卫星 DNA 序列存在差别,构成了一个家族。

alternative RNA splicing　RNA 选择剪接　基因的初级转录物可通过不同的方式进行 RNA 剪接,从而使同一个基因产生不同的多肽链,又可称 RNA 可变剪接。

Alu-Alu PCR　Alu-Alu 多聚酶链式反应　用 Alu 序列设计引物作 PCR,用于扩增人基因组上 2 个 Alu 重复序列之间的 DNA 片段。

Alu sequence　Alu 序列　人类基因组里散布的一种重复 DNA 序列,属于典型的 SINE(short interspersed element)。一个典型的 Alu 序列长 282 个核苷酸,含一个 Alu 限制酶识别序列;由 2 个同源但有区别的亚基组成,亚基来源于缺失和点突变的 7SL RNA 基因内部缺失和点突变。亚基的 G + C 含量很高,在有逆转录活性的 Alu 序列中达 65%;2 个亚基由腺嘌呤密集的接头连接。Alu 序列两端各有一个正向重复序列,右边的亚基中有一个长 31 bp 的插入序列(IS);Alu 重复序列末端有一个多聚腺苷尾(An)(见图 1)。人单倍体基因组中约有 50 万份到 70 万份 Alu 拷贝,基因组平均每隔 4 kb 有一个 Alu 序列。在有些情况下,Alu 序列呈簇状分布,Alu 之间由几百个碱基对的非 Alu DNA 相隔。在细胞遗传学水平上观察,Alu 重复序列集中在 R 带,即基因组转录最活跃的区段内。在几乎所有已知的编码蛋白质的基因的内含子中都有 Alu 序列。Alu 序列只出现在人和其他一些灵长类基因组中,Alu 可以分成几个亚家族,彼此间在一致序列的一些位置上有差别。Alu 序列的形成见图 2。

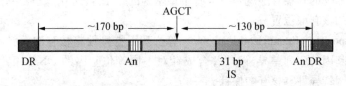

图 1　Alu 序列的基本结构

Alu 序列的基本结构　DR 正向重复　An 多聚腺苷
IS 插入序列　AGCT　限制酶 Alu 的酶切位点

AM　有争议的母亲　参见 alleged mother。

ambiguous codon　多义密码子　编码不止一种氨基酸的密码子。例如,密码子 UUU 除了编码苯丙氨酸外,偶尔也可编码亮氨酸。误译的结果也可使密码子成为多义密码子。

amelogenin locus　牙釉基因座　牙釉基因位于 X 染色体 Xp22,编码牙原基

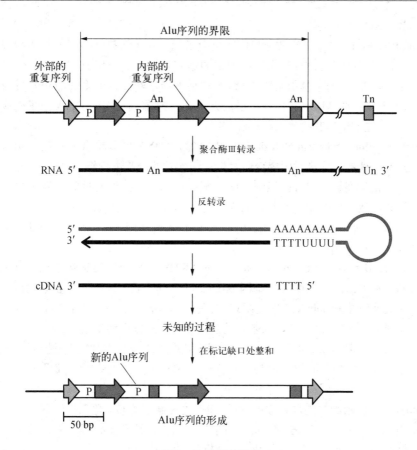

图 2　Alu 序列的形成

质牙釉质蛋白,故名牙釉基因。对于大部分个体,检测 amelogenin 基因座可以准确识别个体的性别,女性应为 X,X,男性应为 X,Y。

amino acid　氨基酸　同时含有一个或多个氨基和羧基的脂肪族有机酸,是构成蛋白质分子的基本单位。人体蛋白质中常见的氨基酸有 20 种,由遗传密码编码。

amniocentesis　羊膜腔穿刺术　医生在超声波探头的引导下,用一根细长的穿刺针穿过腹壁、子宫肌层及羊膜进入羊膜腔,抽取 20～30 ml 羊水,以检查其中胎儿细胞的染色体、DNA、生化成分等,是目前最常用的一种产前诊断技术。操作过程简单、穿刺前不需麻醉、不需住院。

Amp-FLP　扩增片段长度多态性　用 PCR 技术在体外扩增 DNA 片段时出现的片段长度多态现象,这是由于 DNA 片段中所含串联重复序列的拷贝数不同所产生。

amplification 扩增 物质分子的拷贝数增加。在生命科学中引伸至诸如级联机制、气体放大作用、个体或细胞的增殖、分子的体外增殖等。至 20 世纪末,"扩增"通常是指基因扩增,尤其是采用不断改进的聚合酶链式反应(PCR)后,使基因能在体外扩增 2 万至几万道尔顿长度的 DNA 分子变成可能,经扩增后其拷贝数可达 $\geqslant 10^6$。

amplification and mismatch detection(AMD) DNA 扩增和错配检测 用碱基专一性的修饰剂对因突变而发生错误配对的碱基进行修饰,接着以专一性的化学裂解剂裂解已经修饰的错配部位的 DNA,再通过放射性核素标记和电泳行为变化来判断有无点突变发生以及突变的位置。

amplification-fragment length polymorphism(Amp-FLP) 扩增片段长度多态性 参见 Amp-FLP。

amplification refractory mutation system(ARMS) 扩增受阻突变系统 PCR 的一种方法。在扩增某一基因或 DNA 序列时,设计一对"正常型"引物,使突变型模板 DNA 扩增受阻;设计另一对"异常性"引物(通常在 3′ 端或其附近人工错配 1~3 个碱基),使正常 DNA 模板扩增受阻。"正常型"引物可使正常 DNA 模板扩增,"异常型"引物则使异常 DNA 模板扩增。此时,扩增产物不须进行酶切分析或分子杂交,只需用琼脂糖凝胶电泳即可分辨出正常基因或突变基因。

amylase 淀粉酶 能水解淀粉、糖原和有关多糖中的 O-葡萄糖键的酶。

analysis of variance 方差分析 由单处理因素设计和多处理因素设计所获得的单变量连续性资料多用方差分析的方法来处理。

anchored PCR 锚定 PCR 在体外扩增未知序列的 DNA 片段的方法。例如,mRNA 反转录成 cDNA,在 DNA 末端转移酶的作用下,在 cDNA 3′ 端加上 poly(dG)尾巴。用带有一个合适的限制酶识别序列的"锚定引物"poly(dC)与其互补配对。在基因专一性的 3′ 端引物和"锚定引物"(作为 5′ 端引物)作用下,带有同源多聚物尾巴的 cDNA 就可得到扩增。

ancient conserved region(ACR) 祖始保护区 在进化过程中,始终保持着祖始基因组序列的一段区段。

Anderson sequence 安德森序列 安德森首次于 1981 年在英国剑桥桑格实验室完成人类线粒体 DNA 第一个序列,此序列被称为安德森序列(GenBank 登录:M63933),有时被称为剑桥参考序列(Cambridge Reference Sequence,CRS)。

anneal 退火 参见 renaturation。

annotation　诠释　阐述基因或 DNA 片段具有的和可能具有的功能。

ANOVA　方差分析　参见 analysis of variance。

anticipation　早现遗传　指某种形状出现的时间,如某种遗传病的发病时间,一代早于一代的现象。一些遗传性神经退化性疾病如肌营养不良症的致病基因中,三核苷酸(如 CAG/CTG)重复序列拷贝数增加,而且拷贝数呈现逐代递增的趋势。这种重复序列拷贝数的遗传不稳定性的结果使下代的发病年龄提前和病情加重。

anticodon　反密码子　指 tDNA 分子中的 3 个核苷酸,它们同 mRNA 中形成密码子的核苷酸是互补的。在核糖体上发生密码子和反密码子的相互作用,保证将正确的氨基酸插入合成中增长着的多肽链。

antigenic determinant　抗原决定簇　指抗原分子中被相应抗体或抗原受体识别的特定部位。多数蛋白质抗原具有多个表位,可分别被 B 细胞受体和 T 细胞受体所识别。

anti-sense RNA　反义 RNA　基因转录时,双链 DNA 中一条有意义链(＋链)转录成 mRNA,另一条无意义链(－链)可转录出反义 RNA。反义 RNA 的核苷酸序列与 mRNA 互补,与转录出 mRNA 的 DNA 单链(有意义链)相同。当反义 RNA 与 mRNA 互补结合时,可阻止 mRNA 翻译产生蛋白质。这样,即使基因有转录活性也不会有蛋白质产物。自然界的原核生物和真核生物中都发现有反义 RNA。

anti-terminator　抗终止子　这是一种蛋白质,可使 RNA 多聚酶无视某些转录终止信号而继续转录下去,从而产生较长的 mRNA 转录物。

antibody　抗体　抗原进入动物体后,由动物体内产生的一类具有复杂结构的蛋白质,即免疫球蛋白。抗体和抗原分子能产生专一性的反应。

antigen　抗原　在动物体内能引起免疫应答,以及能与抗体和致敏细胞发生专一性反应的物质。

antimutator　抗突变基因　抑制其他基因发生突变的基因,或降低其他基因突变频率的基因。

antisense oligonucleotide　反义寡核苷酸　人工合成的寡核苷酸,其序列可以与有意义 DNA 链互补,以阻止 DNA 转录;也可与 mRNA 互补,以阻止 mRNA 翻译。反义寡核苷酸可用于临床治疗疾病。

antisense strand　反义链　指 DNA 分子在转录时作为 mRNA 模板的一条单链,又称模板链。

apoptosis　凋亡,细胞凋亡　在一定的生理或病理条件下细胞自然死亡的一种形式。细胞凋亡不同于细胞坏死,这是多细胞生物体消除生理上不需要的细胞的一种方式,是个体正常生长和发育所必需。被清除的是老化的、受损的或癌变前的细胞。细胞凋亡的共同的形态学特征是:细胞收缩,细胞核浓缩,细胞和细胞核常形成断片。在体内,这些细胞或断片的质膜破裂之前,就已被吞噬,所以细胞质的成分不渗漏外溢,因此不会引起炎症。细胞凋亡是主动过程,它涉及一系列基因的激活、表达以及调控等的作用,是为更好地适应生存环境而主动争取的一种死亡过程。

arithmetic mean 算术平均数 当样本值的频数直方图接近对称时,能较好地代表其平均水平的指标是算术均数,简称均数,它是样本观察值的总和除以个体值数目。

ARS consensus sequence(ACS) ARS 一致序列 ARS(automonously replicating sequence,自主复制序列)是真核细胞染色体上作为 DNA 复制起始点的序列,一般在 200 bp 左右,其中有一个主要组成部分为11 bp的一致序列[5′-(A/T)TTTA(T/C)(A/G)TTT(A/T)-3′],这称为 ACS。它可能是识别复试起始点的多蛋白质复合体的专一识别序列,对于染色体复制是必不可少的。

association 关联 是指等位基因间的性质,而连锁是指位点间的性质,并且一定包括标记位点的全部等位基因。

association study 相关研究 在没有亲缘关系的同一种疾病(或性状)患者中间某一等位基因出现的频率,与非患者之间这一等位基因出现的频率作比较,以研究这一等位基因与这种疾病(或性状)之间的相关。这种研究不考虑家系遗传的因素。

asymmetric PCR 不对称 PCR 主要用于扩增 DNA 双链中的一条单链的实验方法。不对称 PCR 是用不等量的一对引物,PCR 扩增后产生大量的单链 DNA(ssDNA)。这对引物分别称为非限制引物与限制性引物,其比例一般为(50~100):1。在 PCR 反应的最初10~15 个循环中,其扩增产物主要是双链 DNA,但当限制性引物(低浓度引物)消耗完后,非限制性引物(高浓度引物)引导的 PCR 就会产生大量的单链 DNA。不对称 PCR 的关键是控制限制性引物的绝对量,需多次摸索优化两条引物的比例。还有一种方法是先用等浓度的引物进行 PCR 扩增,制备双键 DNA(dsDNA),然后以此 dsDNA 为模板,再以其中的一条引物进行第二次 PCR,制备 ssDNA。不对称 PCR 制备的 ssDNA,主要用于核酸序列测定。

Australia and black 澳大利亚-尼格罗人种 又称黑色人种或赤道人种,主要分布于旧大陆回归线以南,包括撒哈拉以南的非洲地区、南亚次大陆的南部、澳大利亚以及大洋洲和东南亚等地的一些岛屿。澳大利亚-尼格罗人种中,包括了许多亚种,主要有澳大利亚人种、维达人种、美拉尼西亚人种、尼格利陀人种、尼格罗人种、尼格利罗人种和布须曼人种等。如果将澳大利亚-尼格罗人种按照四分法的人种学分类原则区分,那么尼格罗人种、尼格利罗人种和布须曼人种被列为黑色人种,而澳大利亚人种、维达人种、美拉尼西亚人种和尼格利陀人种等则被定为棕色人种。

autonomously replication sequence(ARS) **自主复制序列** 指支持质粒在真核细胞中独立复制的 DNA 序列。一般认为 ARS 代表 DNA 复制起始点,尽管还不清楚它们在本来的基因组中是否真正起这种作用。依赖于 ARS 进行复制的重组质粒,在酵母菌中总是不稳定的。

autopolyploid **同源多倍体** 同一物种的非单倍体细胞融合后,细胞核内的多倍体染色体。

autoradiography **放射自显影术** 探测放射性核素在组织、细胞或分子中的位置的一种方法。样品同感光乳胶(通常是一张 X 线底片)相接触。样品里发射出来的 β 粒子活化了乳胶中的卤化银颗粒,当 X 线底片显影时使之还原成金属银。在遗传工程中,在 Southern 杂交或菌落杂交操作时都用放射自显术来检测放射性标记的探针分子同变性 DNA 的杂交情况。

average **均数** 参见 arithmetic mean。

B

BAC 细菌人工染色体 参见 bacterial artificial chromosome。

bacterial artificial chromosome (BAC) 细菌人工染色体 以大肠杆菌 (*E. coli*)育性质粒(F 因子)的复制子为基础构建的一种载体。在重组缺陷型(rec-)宿主菌中只有 1 份拷贝,插入片段的大小约为 350 kb,转化效率为 107 克隆/μg DNA。

bacterial alkaline phosphatase(BAP) 细菌碱性磷酸酶 从大肠杆菌中分离出的一种酶,它能从 DNA 链上切除 5′端磷酸根。在基因克隆实验中,这种酶用来防止载体分子的重新环化。

backmutation 回复突变 一个基因出现突变的位置上再次发生突变,从而回复到原来的表型或核苷酸序列。

bank, gene bank 分子库,基因分子库 含有插入片段的重组 DNA 分子的一个合集体。

BAP 细菌碱性磷酸酶 参见 bacterial alkaline phosphatase。

Barberio crystal test 苦味酸结晶试验 试验原理为精素的分解产物与苦味酸结合,形成精素苦味酸结晶。主要使用的试剂:1% 苦味酸溶液或苦味酸甘油酒精饱和液。配制时,先加温使苦味酸溶于甘油,至冷却后有苦味酸析出,加少量酒精使其溶解。方法同碘化碘钾结晶试验类似,覆以盖片后稍加温,冷却,镜检。出现黄青色有折光性的十字形、柱状、星形结晶为阳性反应。结晶形成后可迅速增大。灵敏度与碘化碘钾结晶试验也相似。结晶并不是精液斑所特有,肝、脾、胰等脏器浸出液也可形成同样晶体。

base 碱基 构成所有核酸的杂环化合物。常见的碱基有 5 种:腺嘌呤、鸟嘌呤和胞嘧啶,这 3 种碱基是 DNA 和 RNA 都有的;胸腺嘧啶,只出现在 DNA 中;尿嘧啶,只出现在 RNA 中。一个碱基加上一个戊糖(DNA 中是脱氧核糖,RNA 中是核糖)成为一个核苷。一个碱基加糖加磷酸则成为核苷酸。

base analogue **类碱基** 和 DNA 碱基分子结构类似的化合物。

base pair(bp) **碱基对** 通过氢键结合在一起的一对核苷酸,氢键存在于双链核酸中。DNA 含有的碱基对是 A═T 和 G≡C,RNA 则含有 A═U 和 G≡C(横线代表氢键的数目)。常用核酸分子含有的碱基对数目来表示该分子的大小。

base stacking **碱基堆集** 在 DNA 双螺旋模型中的嘌呤和嘧啶碱基的堆积状排列方式。碱基处在螺旋体的中央,与 2 条单链的中轴成直角,各个碱基相隔 3.4 nm,范德华力是使这种堆积稳定的一种因素。

basic DNA database **基础 DNA 数据库** 基础 DNA 数据库主要储存各基因座的染色体定位、有关群体的基因频率资料和基因型资料、有关法医学应用参数(H、Dp、PE、PIC)等信息,从而进一步保证了数据库的应用和运行的科学性。

basic local alignment search tool(BLAST) **序列同源性搜索工具** 是由美国国立生物技术信息中心(NCBI)开发的一个基于序列相似性的数据库搜索程序,用于在蛋白质数据库或 DNA 数据库中进行相似性比较。其中包含了很多个独立的程序,这些程序是根据查询的对象和数据库的不同来定义的,主要包括 Blastn、Blastp、Blastx、Tblastn、Tblastx。BLAST 程序能迅速与公开数据库进行相似性序列比较。BLAST 结果中的得分是一种对相似性的统计说明。另外,BLAST 还能发现具有缺口的能比对上的序列。

B-chromosome **B 染色体** 独立存在于物种染色体组以外的一种染色体,又称超数染色体(super-numery chromosome)、附加染色体(accessory chromosome)或额外染色体(extrachromosome)。迄今在 1 000 多种植物和 300 多种动物中发现了 B 染色体。B 染色体小于染色体组的染色体,绝大部分由异染色体构成,不遵循孟德尔遗传方式,在减数分裂时不分离,不携带与主要性状相关的基因,对物种的影响通常表现为中性。

B - DNA **B 型 DNA** 这是 DNA 双螺旋结构的一种构象,呈右手螺旋,相邻碱基之间相距 0.34 nm。在 92% 相对湿度条件下,DNA 分子的每匝螺旋有 10 个碱基对,碱基与螺旋轴相垂直。B 型 DNA 式"经典的"Watson-Crick 结构。参见 A-DNA。

benzidine test **联苯胺试验** 1904 年 Adler 作大便隐血试验而建立的方法,是迄今最常用的血痕预实验。原理:利用血痕中的血红蛋白或正铁血红素所具有的过氧化物酶活性,使过氧化氢释放出新生态氧,将无色联苯胺氧化为联苯胺蓝。

bifunctional vector, bifunctional plasmid　双功能载体, 双功能质粒　能在 2 种不同生物体内, 如能在大肠杆菌和酵母菌或在大肠杆菌和链霉菌中复制的一种 DNA 分子。这类分子能在 2 种宿主之间往返"穿梭", 因此又称为穿梭载体。通常是在大肠杆菌里复制其 DNA, 而用于遗传转化另一种宿主。

billion base pair(Gb)　十亿碱基对　DNA 双链分子的 10 亿个碱基对, 作为 DNA 长度的量度。

binomial distribution　二项分布　一般地, 若一次试验后某事件出现的概率为 π, 不出现的概率为 $(1-\pi)$, 则在 n 次独立重复试验后该事件出现 x 次的概率为

$$P(x) = \binom{n}{x}(1-x)^{n-x}\pi^x,$$

$$x = 0, 1, \cdots, n,$$

上式称为二项分布的概率函数, 并且称相应的随机变量 X 服从二项分布, 记为 $X \sim B(\pi, n)$。

biodiversity　生物多样性　物种、遗传物质和生态环境等多样性的总称。这是人类赖以生存的物质基础, 包括遗传多样性、物种多样性、生态系统多样性和景观多样性。

bioethics　生物伦理学　研究与生物学(包括生物工程在内)有关的伦理学问题的一门学科。生命伦理学关注的是生物学、医学、控制论、政治、法律、哲学和神学这些领域的互相关系中产生的问题。

bioinformatics　生物信息学　综合计算机科学、信息技术和数学的理论和方法来研究生物信息的交叉学科, 旨在开发新的算法和统计方法, 以寻找大量信息群之间的关系; 对各种数据进行分析, 找出数据所含的生物学意义; 开发应用新的工具以实现对各种信息的获取和管理。

biological information　生物学信息　决定生物体性状特征的信息。信息贮存在 3 个层次中: ① 贮存在 DNA 线性分子中的一维信息, 即由核苷酸序列组成的遗传密码包含的遗传信息; ② 贮存在蛋白质分子中的三维信息, 即由基因编码的肽链折叠成呈现生物学功能的蛋白质分子的三维结构; ③ 贮存在核酸、蛋白质和其他各种物质分子按特定时空程序相互作用的网络系统的思维结构中。

biotechnology　生物技术　生物技术是以生命科学为基础, 利用生物体(或者

生物组织、细胞或其组分)的特性和功能,设计构建具有预期性状的新物种或新品系,并与工程原理相结合进行加工生产,为社会提供商品和服务的一个综合性技术体系。现代生物技术综合分子生物学、生物化学、遗传学、细胞生物学、胚胎学、免疫学、化学、物理学、信息学、计算机等多学科技术。

biotin 生物素 一种维生素,活化 CO_2 的一个有效载体,主要生物学作用是丙酮酸羧化酶的辅酶,它与亲和素的亲和力很强。

biotinylated-dUTP 生物素标记脱氧尿苷三磷酸 生物素通过间隔臂连接到脱氧尿嘧啶核苷酸上而得到三磷酸核苷。它能通过切口平移参入 DNA 分子,然后由此反应而生成的生物素-DNA 可用作杂交试验中的探针。它是不用 ^{32}P 标记的一种非放射性探针。

biotinylated DNA 生物素 DNA 因生物素-dUTP 掺入了 DNA 分子而产生的标记了生物素的 DNA 分子。在 Southern 杂交试验中,它可作为一种非同位素标记的探针。用链霉菌抗生物素蛋白-生物素-辣根过氧化物酶复合物检测杂合分子时,这种复合物会在形成杂合分子的地方显现绿色荧光。

blood group 血型 是以血液抗原形式表现出来的一种遗传性状。通常是指红细胞的分型,其依据是红细胞表面是否存在某些可遗传的抗原物质。已经发现并为国际输血协会承认的血型系统有 30 种,其中最重要的两种为"ABO 血型系统"和"Rh 血型系统"。血型系统对输血具有重要意义,以不相容的血型输血可能导致溶血反应的发生,造成溶血性贫血、肾衰竭、休克以至死亡。

blood stains 血痕 血液在人体外干燥后所形成的斑迹。

blotting 印迹 作为动词时,是指将 DNA、RNA 或蛋白质转移到固定的基质上,如 DBM 纸、硝酸纤维薄膜或生物纤维膜。作为名词时,通常指 Southern 印迹或 northern 印迹操作时得到的放射自显影照片,如这一印迹证明转化 DNA 已经插入了染色体。

blot transfer 印迹转移 凝胶电泳后,酶消化 DNA 片段由大到小均匀地分布于琼脂糖凝胶上。为能更好地完成后续操作,需将已经分离的 DNA 片段从凝胶上原位转移到一张高机械强度的支持膜上,这个过程就称为印迹转移。支持膜多采用尼龙膜。

bluescript M13+,M13- 基因工程中用的一种载体名称。这是将含有噬菌体 T3 和 T7 启动子的 pUC 质粒与噬菌体 M13 的 DNA 复制起始点构建成的一种噬粒(phagemid)。根据复制起始点插入方向的不同而分别命名为 M13+和 M13-。这种载体可用来在细胞内产生单链 DNA,或在细胞外

B

产生 RNA。它们都是与插在克隆位点上的外源 DNA 双链中的一条单链互补的。

blunt end 平端 有些限制性内切酶如 *Hae* Ⅲ酶切产生的 DNA 片段所有的碱基都是成对的。这些分子的末端称为平端,即没有单链的末端。如用 S1 核酸酶出去单链上的核苷酸,也可人为地产生平端。2 个带有平端的 DNA 分子可用 DNA 连接酶使之连接。这种连接过程所需 DNA 和连接酶的浓度,都高于带有黏性末端的 DNA 分子间的连接。

Bombay phenotype 孟买型 是 Bhende(1952)首先在印度孟买某些家系研究中发现的,血清学特点为:① 在红细胞上及唾液中均无 A、B、H 抗原,即不被抗 A、抗 B 及抗 H 抗体所凝集;② 血清中有抗 A、抗 B 及抗 H 凝集素,可分别凝集 A、B、O 型红细胞。

bp 碱基对 用作度量双链核酸的长度。

Brentamine fast blue test α-磷酸萘酚-固蓝 B 试验 原理:精液中酸性磷酸酶可水解 α-磷酸萘酚释放 α-萘酚,后者遇重氮试剂固蓝生成深紫红色偶氮化合物。该试验灵敏度较高。但阴道液斑及粪便斑有时亦呈阳性反应。

broad heritability(＝broad-sense heritability) 广义遗传率 在数量遗传学中,表型总差中遗传总方差所占的比例。

bromophenol blue 溴酚蓝 一种 pH 指示剂,在 pH 3.0~4.6 范围,颜色由黄变蓝。琼脂糖凝胶电泳或聚丙烯胺凝胶电泳的电泳移动标记。

buffer 缓冲溶液 当往某些溶液中加入一定量的酸和碱时,有阻碍溶液 pH 变化的作用,称为缓冲作用,这样的溶液叫做缓冲溶液。弱酸及其盐的混合溶液(如 HAc 与 NaAc),弱碱及其盐的混合溶液(如 $NH_3 \cdot H_2O$ 与 NH_4Cl)等都是缓冲溶液。

C

(CA)$_n$ repeated sequence　CA 重复序列　人基因组中$(dC-dA)_n \cdot (dG-dT)_n$ 重复序列的简称。

CAAT box　CAAT 框　真核生物基因转录起始位点上游 75 个核苷酸对处的一个保守序列，它是真核生物启动子的一部分。

Cambridge Reference Sequence（CRS）　剑桥参考序列　参见 Anderson sequence。

cancer　癌　恶性肿瘤的总称。恶性肿瘤细胞的生长处于失控状态，能侵入正常组织，并常常转移到远离其起源的部位生长。癌一般来自一个或少数几个经过恶性转化过程的细胞，这种恶性转化过程也就是细胞癌变过程，与癌基因和抑癌基因的表达活性的变化密切相关。因此，与基因的结构和表达有关的遗传因素和环境因素都会在癌变中起重要作用。身体的几乎所有组织都有可能生癌。

carcinoma　癌（瘤）　起源于上皮细胞的恶性肿瘤，这是人体最常见的癌。参见 cancer。

cap　帽　真核类 mRNA 分子 5′端的一种结构。它由经修饰的碱基 7-甲基鸟嘌呤核苷按反方向，即 5′对 5′而不是 5′对 3′，通过 3 个磷酸基团同 DNA 分子的其余碱基相连接而构成的：$m^7G(5')ppp(5')Nmp\cdots\cdots$

　　原核生物的 mRNA 分子没有这种结构。当细胞核中的初级转录物进行剪接和多聚腺苷酸化时，7-甲基鸟嘌呤核苷帽就加在初级转录物的 TATA 区附近。

cap site　加帽位点　真核类基因转录起动位点。帽是加在 mRNA 分子的 5′端，大多数真核类 mRNA 的第一个核苷酸是腺嘌呤核苷酸，帽就加在其上。

capillary gel　毛细管凝胶　在一根非常细的毛细管中灌入半固体凝胶，用于电泳分离大分子如蛋白质及 PCR 产物分析。在法医遗传学中，毛细管凝胶主要用于 PCR 产物的毛细管电泳及测序分析，主要是 POP4 和 POP7 凝胶。

carboxyl terminal(C-terminus)　C 端，羧基端　肽链的具有游离 α-羧基的一端。按照惯例，在肽链的化学结构式中，羧基端写在右边。

carboxyl terminal repeating heptamer(CT7n)　C 端重复七肽　真核细胞中激活蛋白羧基端 7 肽的重复序列。

carrier　载体，携带者　携带某一特定隐性基因的杂合子。

carrier DNA　载体 DNA，携带者 DNA　在 DNA 转染实验或 DNA 沉淀回收实验中，由于 DNA 的量太少而另外加入的、可提高实验效率而不会干扰实验结果的 DNA。

CAT box，CAAT box　CAT 区，CAAT 区　在许多种真核生物的蛋白质编码基因的启动子区域中发现的一种保守序列。它的规范序列是 GGP_yCAATCT，它可能参与决定启动子进行转录的效率。

catabolic activator protein(CAP)　分解代谢基因激活蛋白或 cAMP 受体蛋白　主要是在大肠杆菌研究中的一种蛋白质，但在其他细菌中也有类似物。CAP 同环腺一磷(cAMP)结合，然后激活碳水化合物代谢中涉及的一大批基因和操纵子进行转录。这些基因如 lac 操纵子和 malT 基因就在 CAP-cAMP 复合物的正控制之下。CAP-cAMP 复合物看来是刺激 RNA 聚合酶开始结合到启动子上。在没有 CAP-cAMP 复合物的情况下，RNA 聚合酶对 CAP 激活的启动子的亲和力很低，因此细胞内 cAMP 的浓度控制了这些基因的表达。

categorical variable data　分类变量资料　又称定性资料或计数资料。根据观察单位某项特征(指标)的不同性质或类别，将观察单位分成若干组，各组的观察单位数称为计数资料。如阳性数、阴性数、治愈数、有效数、无效数等。分类变量包括二分类变量和多分类变量，其中多分类变量又包含多分类有序变量及多分类无序变量。

cDNA cloning　cDNA 克隆化　从基因的 mRNA 转录物开始，将基因的编码序列克隆化的一种方法。这通常用来克隆真核类 mRNA 的 DNA 拷贝。cDNA 是成熟的信使分子的拷贝，不含任何内含子序列，所以只要与克隆载体上合适的启动子序列相连接，就很容易在任何一种生物体内表达。

cell bank　细胞库　各种细胞株的收集、保管、贮存中心，长期保存有多种胞系和细胞株的设施。

cell fate　细胞命运　在生物体发育过程中，一个细胞将处在胚胎内或胚胎外的什么位置上,将发挥什么样的功能,这就是细胞的命运。

cell line 细胞系 指原代细胞培养物经首次传代成功后所繁殖的细胞群体。也指可长期连续传代的培养细胞。

cell strain 细胞株 具有特异性状或标志性状的细胞克隆,是从原代培养物或细胞系(cell line)中选择出来的。这种细胞在继续培养和传代后,仍然保持这些特性或标记。从培养代数来讲,可培养到 40～50 代。

centimorgan(cM) 厘摩,基因交换单位 两基因间的重组频率为 1% 时,遗传图上这 2 个基因之间的距离为 1 厘摩。厘摩也可换算成物理长度,不同物种的换算值不同。如人基因组遗传图上 1 厘摩相当于约 1 000 kb,小鼠则相当于约 1 700 kb。

Centre d'Etude du Polymorphisme Humain family(CEPH family) 人类多态研究中心家系(CEPH 家族) 法国"人类多态研究中心"构建的是人基因组酵母人工染色体文库时所使用的由三代人组成的约 40 个家系。

centromere 着丝粒 细胞分裂期间,真核类染色体上同纺锤丝连接的区域。在遗传学上确定,染色体上的这个区域在第一次减数分裂时总是分离的。就是说,这是染色体上不发生交换的区域。人和其他哺乳类动物的染色体着丝粒也是初级缢痕,姐妹染色单体在此处连合,并形成一对动粒(kinetochore)。人和灵长类的着丝粒 DNA 最多的是 α-卫星 DNA 家族。染色体着丝粒的主要作用是使复制的染色体在有丝分裂和减数分裂中可均等地分配到子细胞中。

centromeric heterochromatin band,C-band 着丝粒异染色质带,C 带 中期染色体经酸处理后再用吉萨姆(Giemsa)染料染色后出现的区带。这是着丝粒附近的结构异染色质和高度重复序列的 DNA 区段,即表现为 C 带。

centromeric sequence,CEN sequence 着丝粒序列 染色体着丝粒的共有序列。

chain terminator 链终止子 ① 不编码氨基酸的密码子。这些密码子给核糖体以停止蛋白质合成的信号,这些密码子是 UAA、UAG 和 UGA,已分别定名为赭石、琥珀和空白。这些也称为停止密码子或中止密码子。在 RNA 编码序列的末端常发现 2 个这样的密码子连在一起。② 在 DNA 序列分析的 Sanger 法中,加双脱氧三磷酸核苷作为合成互补 DNA 链的链终止子。

chaperone 分子伴侣 蛋白质的空间结构信息除依赖于氨基酸序列一级结构外,肽链折叠过程中还需要有其他蛋白质分子的参与,这些蛋白质分子即分子伴侣。分子伴侣一定不是最终组装完成的结构的组成部分,但不一定是一个分离的实体。主要有三大类：伴侣蛋白、热休克 70 家族和热休克 90 家族。

Chelex 100 Chelex-100 是一种螯合树脂,由苯乙烯和二乙烯苯的共聚体组成,含有成对的亚氨基二乙酸盐离子,能够螯合二价金属离子,抑制 DNA 酶,保护 DNA 分子。法医遗传学上常采用 Chelex-100 提取法进行 DNA 的快速提取。

chemical mismatch cleavage(CMC) **错配的化学切割** 是进行异源双链分析的一种实验方法。放射性标记的野生型 DNA 分子与突变型 DNA(或 RNA)分子经煮沸,退火复性,对 DNA-DNA 或 DNA-RNA 异源双链作化学修饰;即用羟胺或四氧化锇在错配处修饰错配碱基,用呱啶切割掉修饰后的错误碱基,随即用变性的聚丙烯酰胺凝胶电泳,放射自显影以检测置换的碱基。

chimera **嵌合体** 含有不止一种生物的 DNA 序列的重组 DNA 分子,可能是基因突变、染色体异常分离或移植的结果。免疫学上的涵义则指一个机体身上有两种或两种以上染色体组成不同的细胞系同时存在,彼此能够耐受,不产生排斥反应,相互间处在嵌合状态。

chimerism **嵌合性** 不同来源的分子拼接构成一个重组体的现象。例如,来自不同染色体的片段重组成一个染色体片段,或不同物种的 DNA 分子拼接成一个重组 DNA 分子。

chi-square distribution **χ^2 分布** 离散型分类计数资料 χ^2 检验的理论基础之一。

chi-square test **χ^2 检验** 主要用于离散型分类计数资料,还可以用于拟合优度的检验及方差齐性的检验。

chromatography **色谱法,层析法** 一种(生物)化学分析技术。使一些物质因其所带电荷、体积大小和其他性质的区别,通过流动相和固态相的介质而从混合物中分离开来。

chromosome band **染色体带** 染色体经不同处理并用染料染色后,出现深浅相间的狭窄的区带。例如,用荧光染料染色,则在荧光镜下课件荧光亮度不同的狭窄的区带;每条染色体出现特定的带型。用 Giemsa 染料与经胰酶处理的染色体反应后产生的 G 带,荧光染料处理后出现的 Q 带,染色体着丝粒处的 C 带等。

chromosomal *in situ* suppression hybridization(CISS hybridization) **染色体原位抑制杂交** 这是染色体原位杂交的一种方法。其原理是先将未标记(放射性核素或非放射性核素)的非特异性重复序列(如卫星 DNA)与经(放射性核素或非放射性核素)标记的 DNA 探针预杂交,把探针中的非特异性重复序列封闭,抑制染色体上非特异性重复序列与探针杂交,从而保证靶染色体有特异性杂交信号。

chromosome　染色体　由脱氧核糖核酸、蛋白质和少量核糖核酸组成的线状或棒状物,是生物主要遗传物质的载体。在细菌中,染色体是一个裸露的双链环状 DNA 分子。在真核生物中,染色体是线性双链 DNA 与蛋白质形成的复合物,生物的核基因组分藏在许多条染色体里。染色体的数目随物种而异,这是物种专一的。人体每个细胞内有 23 对染色体,包括 22 对常染色体和一对性染色体。性染色体包括:X 染色体和 Y 染色体。女性含有一对 X 染色体,男性具有一条 X 染色体和一条 Y 染色体。

chromosome banding　染色体显带　用酶和各种染料处理染色体,使出现染色深浅不等且相间的条带,不同的染色体有不同的带型。染色体显带技术之所以适用于作为研究各种(包括同种不同细胞类型以及不同种属)生物学材料的基因组结构,在很大程度上依赖于中期染色体易于分离并展开进行显微镜分析。采用可破坏纺锤体微管的毒物,例如秋水仙素或秋水仙酰胺可使细胞停滞于分裂中期。

chromosome theory inheritance　遗传的染色体学说　这个学说认为染色体携带遗传信息,而且染色体在减数分裂时的行为给基因的分离和独立分配提供了物质依据。

Class Ⅰ MHC molecule　Ⅰ型主要组织相容性复合体分子　Ⅰ型主要组织相容性复合体分子是异源二聚体,都含 2 条肽链。一条是由 MHC 编码的跨膜多肽链-α 链或称重链,大多在细胞外折叠成 3 个球状域(α_1,α_2 和 α_3),相对分子质量为 44 000(人)或 4 700(小鼠);另一条是非跨膜的 β 链,或称 β_2 - 微球蛋白,相对分子质量为 12 000(人和小鼠相同),它的编码基因不在细胞簇 MHC 内,α 链全长的 2/3 在细胞外,很短的疏水段跨膜,约 30 个氨基酸残基的羧基端位于细胞质内。Ⅰ类分子在所有的细胞中都表达,它可分成 4 个部分:氨基酸细胞外肽结合区,细胞外免疫球蛋白样区,跨膜区和细胞质区。α_3 和 β 链同免疫球蛋白是同源的,α 链的氨基端与抗原结合并含可变的氨基酸,这些氨基酸在移植反应中被 T 细胞所识别。

class Ⅱ MHC molecule　Ⅱ型主要组织相容性复合体分子　Ⅱ型 MHC 分子式异源二聚体,均由 2 条非共价结合的多肽链组成,2 条多肽链的结构基本相似。α 链的糖基化较多(32 000 到 34 000),略长于 β 链(29 000 到 32 000)α 链和 β 链均含 N-连接的寡糖集团,都是氨基端在细胞外,羧基端在细胞内。细胞外部分都超过全长的 2/3。2 条链由不同的基因编码,多半有多态现象。Ⅱ类 MHC 分子与Ⅰ类 MHC 分子一样,也可分为 4 个部分。与Ⅰ类 MHC 分子不同的是它旨在一些特定类型的细胞中表达,如 B 淋巴细胞,巨噬细胞和其他抗原提呈细胞。

C

cleave　切割　指用限制性内切酶对 DNA 作双链切割。

clone　克隆　"clone"这个词是 1903 年由 Herbert J. Webber 提出的,用来描述从一个祖先经无性繁殖而产生的一群生物体。

　　克隆可以用作名词,也可用作动词。当用作名词时,克隆是指由遗传组成完全相同的分子、细胞或个体组成的一个群体。例如,核苷酸序列完全相同的基因或 DNA 分子的众多份拷贝,构成一个基因克隆或 DNA 分子克隆;来源于同一个祖细胞、基因型完全相同的众多的子细胞,构成了一个细胞克隆;抗原分子刺激后产生抗体分子,如果是一种抗原分子刺激后产生的则是单克隆抗体,如果是多种抗原分子刺激后产生的则是多克隆抗体;通过无性繁殖获得基因型完全相同的生物体,这是个体水平上的克隆,也称为无性繁殖系。

　　用作动词时,克隆是指利用 DNA 重组技术将一个特定的基因或 DNA 序列插入一个载体分子;也指分离出单个分子或单个细胞的操作过程。例如,克隆基因或克隆 DNA 分子是指从基因组或 DNA 大片段中,分离并获得某一特定的基因或 DNA 序列;克隆细胞则是指从多种类型的细胞群体中,分离并获得某一特定类型的细胞。

　　当用作动名词时,英文为 cloning,这是指分离出某一特定的基因、DNA 分子或细胞后,用一些实验的方法使其在数量上增多,以形成众多份拷贝组成的一个群体,有时将这一过程称为克隆化。

　　克隆技术又称为"生物放大技术",它经历了三个发展时期:第一个时期是微生物克隆时期,即用一个细菌可以很快复制出成千上万个和它一模一样的细菌,从而变成一个细菌群;第二个时期是生物技术克隆时期,比如用遗传基因—DNA 进行克隆;第三个时期是动物克隆时期,即由一个细胞克隆成一个动物。克隆绵羊"多利"就是由一头母羊的体细胞克隆而来,使用的便是动物克隆技术。

clone fingerprinting　克隆指纹(法)　获得克隆的 DNA 片段之间的重叠序列(的方法)。参见 DNA finger print。

cloning　克隆化　专指一般 DNA 在与载体 DNA 分子重组后,重组 DNA 分子由载体导入寄主细胞内,依赖载体的复制能力在寄主细胞中进行扩增,形成一个无性繁殖系的过程。

cloning site　克隆位点　载体上插入外源 DNA 片段的位置,一般为限制酶的识别序列。

cloning vector　克隆载体　将基因或 DNA 片段送入受体细胞内使之复制扩增的载体。该载体含有能在宿主中复制的位点和便于筛选的遗传标志。常见的载体有质粒,噬菌粒,酵母人工染色体。对载体的要求:① 能在宿主细胞中复制繁殖,而且最好要有较高的自主复制能力;② 容易进入宿主细胞,而且进入效率越高越好;③ 容易插入外来核酸片段,插入后不影响其进入宿主细胞和在细胞中的复制。这就要求载体 DNA 上要有合适的限制性核酸内切酶位点;④ 容易从宿主细胞中分离纯化出来,便于重组操作;⑤ 有容易被识别筛选的标志。当其进入宿主细胞、或携带着外来的核酸序列进入宿主细胞都能容易被辨认和分离出来。

cluster(ing) analysis　聚类分析　指将物理或抽象对象的集合分组成为由类似的对象组成的多个类的分析过程,是处理生物信息的一种方法,是一种重要的人类行为。聚类分析的目标就是在相似的基础上收集数据来分类。聚类信息是依照数据自身的特性进行归类整理。将数据点集合分成若干簇(cluster)或若干类,使每个簇中的数据点之间最大程度地相似,不同簇中的数据点最大程度地不同。聚类后归入同一类的,推测其功能也可能是相似的。聚类源于很多领域,包括数学,计算机科学,统计学,经济学和生物学。聚类不同于分类,后者是根据预先设立的准则将数据分成各自独立的类别。

cluster sampling　整群抽样　常用的抽样方法之一。是从由 K 个群组成的总体中随机地抽取 k 个群,再对被抽取的每个群中的全部观察单位进行调查。

code degeneracy　密码简并　指几种密码子编码同一种氨基酸的现象。通常具有简并性的氨基酸密码子的第一个和第二个字母是相同的,而不同的只是第三个字母。

coding single nucleotide polymorphism(cSNP)　编码的单核苷酸多态性　基因序列中编码蛋白质的个体核苷酸出现置换。这种核苷酸置换通常不改变编码的氨基酸;或者是改变了编码的氨基酸,一般不影响编码产生的蛋白质的功能。

coding sequence　编码序列　基因中直接规定其蛋白质产物中氨基酸序列的那个部分。基因的非编码序列包括启动子、操纵基因和终止子等控制区,以及某些真核类基因的内含子序列。

coding strand　编码链　双链 DNA 中,不能进行转录的那一条 DNA 链,该链的核苷酸序列与转录生成的 mRNA 的序列一致(在 RNA 中是以 U 取

C

代了 DNA 中的 T),又称有义链(sense strand)。

	3′ TACTTCGCAAATCACCCGCGGGCATA 5′	
DNA	5′ ATGAAGCGTTTAGTGGGCGCCCGTAT 3′	
mRNA	5′ AUGAAGCGUUUAGUGGGCGCCCGUAU 3′	

coding triplet　编码三联体　3 个核苷酸排列成 1 组,可编码 1 个氨基酸。

codon　密码子　由 3 个相邻的核苷酸组成的信使核糖核酸(mRNA)基本编码单位。有 64 种密码子,其中有 61 种氨基酸密码子(包括起始密码子)及 3 个终止密码子,由它们决定多肽链的氨基酸种类和排列顺序的特异性以及翻译的起始和终止。特点:① 遗传密码子是三联体密码:一个密码子由信使核糖核酸(mRNA)上相邻的三个碱基组成;② 密码子具有通用性:不同的生物密码子基本相同,即共用一套密码子;③ 遗传密码子无逗号:两个密码子间没有标点符号,密码子与密码子之间没有任何不编码的核苷酸,读码必须按照一定的读码框架,从正确的起点开始,一个不漏地一直读到终止信号;④ 遗传密码子不重叠,在多核苷酸链上任何两个相邻的密码子不共用任何核苷酸;⑤ 密码子具有简并性:除了甲硫氨酸和色氨酸外,每一个氨基酸都至少有两个密码子。这样可以在一定程度内,使氨基酸序列不会因为某一个碱基被意外替换而导致氨基酸错误;⑥ 密码子阅读与翻译具有一定的方向性:从 5′端到 3′端;⑦ 有起始密码子和终止密码子。起始密码子有两种,一种是甲硫氨酸(AUG),一种是缬氨酸(GUG),而终止密码子(有 3 个,分别是 UAA、UAG、UGA)没有相应的转运核糖核酸(tRNA)存在,只供释放因子识别来实现翻译的终止。

coefficient of determination　决定系数　一般说,回归平方和与总离均差平方和之比称为决定系数或相关系数。常记为 R^2。

coefficient of inbreeding　近交系数　一个个体从它的某一祖先那里得到一对纯合的、等同的,即在遗传上是完全相同的基因的概率。某个体的近交系数为结合的配子间的相关系数,是根据近亲交配的世代数,将基因的纯化程度用百分数来表示。同一基因座上的 2 个等位基因,如果分别来自无亲缘关系的两个祖先,尽管这 2 个等位基因在结构和功能上是相同的,仍不能视作遗传学上等同的;只有同一祖先基因座上某一等位基因的两份拷贝,才是遗传学上等同的。

coefficient variation　变异系数　有时人们需将两个不同量纲变量的变异程度进行比较。因标准差带有量纲,故不可直接比较。此时,需要一个不带量纲的相对数,这就是变异系数,常简记为 CV。

co-evolution 协同进化 物种间由于生态上相互依赖或关系密切而产生的相互选择、相互适应、共同衍变的进化方式。协同进化的意义：促进生物多样性的增加；促进物种的共同适应；基因组进化和维持生物群落的稳定性。

comb 梳 这是电泳时用的塑料制成的模子，在琼脂糖或聚丙烯酰胺平板上形成点样孔，核酸或蛋白质样品就加在里面。

combined DNA index system(CODIS) DNA 识别检索系统 美国联邦调查局以 13 个 STR 基因座为核心建立的国家 DNA 数据库。该系统通过计算机网络将分散在各地区的法医学实验室 DNA 分型资料以电子资料的形式储存于 DNA 库中，并完成 DNA 分型资料之间的比对。

combined paternity index(CPI) 累积父权指数 多个遗传标记用于亲子鉴定时，若父权不能否定，由每一个遗传标记获得的父权指数需单独计算。设每个遗传标记的父权指数分别 PI_1，PI_2，PI_3，$\cdots PI_n$。n 个遗传标记的父权指数相乘则为累积父权指数（CPI）。即

$$CPI = PI_1 \times PI_2 \times PI_3 \times \cdots \times PI_n。$$

common factor 公因子 设有变量 X_1，X_2，$\cdots$，X_p，均数和标准差分别为 $\overline{X_1}$，$\overline{X_2}$，$\cdots$，$\overline{X_P}$ 和 S_1，S_2，$\cdots$，S_p。首先，将各变量标准化，

$$x_i = (X_{i-} \overline{X_i})/S_i, i = 1, 2, \cdots, p,$$

假定另有 m 个变量 F_1，F_2，$\cdots$，F_m，$(m \leqslant p)$，其样本均数值和样本方差为

$\overline{F_i} = 0, Var(Fi) = 1, i = 1, 2, \cdots, m, F_1, F_2, \cdots, F_m$ 是 X_1，X_2，$\cdots$，X_p 的线性组合，并概括了 X_1，X_2，$\cdots$，X_p 中大部分信息，称为 X_1，X_2，$\cdots$，X_p 的公因子。

comparative anchor tagged sequence(CATS) 比较锚定标记序列 这是不同物种基因间保守的外显子序列，用以研究物种间基因的同源性，同时在制作不同物种的基因组图时，可用来锚定同源基因在图上的位置。

comparative genomic hybridization(CGH) 比较基因组杂交 检测基因组中等位片段缺失或扩增的一种实验方法。取两种细胞来源（比如一种是正常细胞，另一种是异常细胞）的基因组 DNA，分别标记上可显示不同颜色荧光（比如红色和绿色）的物质，DNA 变性后作为杂交探针，同一种细胞（比如正常细胞）的中期染色体标本杂交，在荧光显微镜下课观察到每条中期染色体上发出红色和绿色的荧光。摄取荧光信号，正常染色体的红绿荧光

强度之比的变动范围规定为 0.85～1.15。当红绿荧光强度之比小于或等于 0.75 处,定为染色体等位片段丢失;大于或等于 1.25 处,定为染色体等位片段扩增;大于或等于 1.5 处为高水平扩增。

complementary　互补　如果 2 个核酸序列能按照碱基配对的 Watson-Crick 规则形成完美的氢键结合双链体,则这两个序列是彼此互补的。mRNA 分子同编码基因的一条 DNA 链是互补的。

RNA 的序列是:

AUGGCAUUUCGGCCCCACUGA。

同它互补的 DNA 序列是:

TACCGTAAAGCCGGGGTGACT。

complementary DNA(cDNA)　互补 DNA　构成基因的双链 DNA 分子用一条单链作为模板,转录产生与其序列互补的信使 RNA 分子,然后在反转录酶的作用下,以 mRNA 分子为模板,合成一条与 mRNA 序列互补的单链 DNA,最后再以单链 DNA 为模板合成另一条与其互补的单链 DNA,两条互补的单链 DNA 分子组成一个双链 cDNA 分子。因此,双链 cDNA 分子的序列同转录产生的 mRNA 分子的基因是相同的,所以一个 cDNA 分子就代表一个基因。但是 cDNA 仍不同于基因,因为基因在转录产生 mRNA 时,一些不编码的序列即内含子被删除了,保留的只是编码序列,即外显子。cDNA 克隆普遍用来使哺乳类基因在细菌或酵母菌中表达。

complementary-determining region(CDR)　互补决定区　免疫球蛋白(Ig)分子可变区(V)在抗原抗体反应中与抗体分子进行空间互补的非共价结合的结构,称为互补决定区。

complementary transcript　互补转录物　指与有意义转录物(mRNA)在序列上互补的 RNA 分子。属于反义 RNA,与 mRNA 结合后可抑制 mRNA 的翻译。

complementation　互补作用　在一个二倍体细胞里,2 个亲本的基因组各自补足另一个基因组所缺失的功能,这个过程称为互补作用。

例如,2 个亲本的基因型是:

亲本 1:ADE1 leu2——在不含腺嘌呤但要有亮氨酸的培养基中生长。

亲本 2:ade1 LEU2——在培养基中要添加腺嘌呤但不要加亮氨酸。

这 2 个亲本的子代二倍体细胞的基因型是:

ADE1 leu2

ade1 LEU2

C

这时在培养基中不添加腺嘌呤和亮氨酸,细胞液能够生长。

complete digestion **完全酶切** 用限制性核酸内切酶以充分的时间去处理 DNA 样品,使 DNA 分子中所有可能的靶位置都被切割了,这称为完全酶切。

completely randomized design **完全随机化设计** 从总体中完全随机地抽取一部分个体进行研究,这样的设计称为完全随机化设计。

completeness **完整性** 指构建基因文库时,基因组中所有的 DNA 序列都以某一频率出现在基因文库的克隆中。

complex trait **复杂性状** 不是由单一基因座决定的、不符合经典的孟德尔式遗传方式的表现。例如,心脏病、高血压、糖尿病、哮喘病等的易感性。

complexity **复杂性** DNA 分子的或基因组的复杂性是指其所含信息量的多少,与单一序列的核苷酸数目有关,但与核苷酸序列的重复拷贝数无关。复杂性高,则信息量多;复杂性低,则信息量少。例如一个 DNA 分子中,300 核苷酸的序列有 1 份拷贝,50 核苷酸的序列有 20 份拷贝,30 核苷酸的序列有 100 份拷贝,这个 DNA 分子的复杂性是 $300+50+30=380$。

compound repeats **复合重复序列** 同基因座基因的重复单位有两种或两种以上的基序组成,但重复单位的长度基本是一致的。

c-onc **细胞癌基因** 细胞核基因组里的癌基因,通常处于不活动状态,又称原癌基因。

conclusive test **确认试验** 在法医遗传学上确认试验的主要目的是确证检材的类型。血痕确认试验的主要依据是检测检材中是否含有血红蛋白或其衍生物,常采用血色原结晶试验、氯化血红素结晶试验和吸收光谱检查;精液斑的确认试验是检验精液中的特有成分,主要检测方法有精子检出法和免疫学试验方法(包括抗人精液血清沉淀反应和前列腺特异性抗原的检测)。

conditional probability **条件概率** 对于任意两个事件 E1 和 E2,称 E1 发生条件下 E2 发生的概率为条件概率,记为 $P(E2|E1)$。

confidence interval **置信区间** 一般地,若已知正态总体的一份随机样本,该样本的均数和标准差的数值为 $\bar{x}$ 和 s,样本量为 n,$t\alpha$ 为 t 分布双侧尾部面积 α 对应的 t 界值,则称($\bar{x}-t\alpha S_{\bar{x}}$, $\bar{x}+t\alpha S_{\bar{x}}$)为总体均数 μ 的($1-\alpha$)置信区间。

confidence level **置信水平** 一般地,若已知正态总体的一份随机样本,该样本的均数和标准差的数值为 $\bar{x}$ 和 s,样本量为 n,$t\alpha$ 为 t 分布双侧尾部面积 α 对应的 t 界值,则称($\bar{x}-t\alpha S_{\bar{x}}$, $\bar{x}+t\alpha S_{\bar{x}}$)为总体均数 μ 的($1-\alpha$)

置信区间,置信水平为$(1-\alpha)$。

conformation 构象 分子中由于共价单键的旋转所表现出的原子或基团的不同空间排列。构象的改变不涉及共价键的断裂和重新组成,也无光学活性的变化。

consensus sequence 一致序列,共有序列 指在两个或多个同源序列的每一个位置上多数出现的核苷酸或氨基酸组成的序列。不同生物体中编码同一种蛋白质的基因,也会有一致序列。

constant gene(C gene) C 基因 编码 B 细胞或 T 细胞抗原受体恒定区的基因。

constitutive 组成型的 倘若细胞在各种生理状态下总是产生一种酶或蛋白质,则可以说这种生物体中这种酶或蛋白质的产生是组成型的。

constitutive expression 组成型表达 整合在基因组内的基因,每一次细胞分裂后该基因均不丢失,且无须外界刺激诱导就能表达。

contig 叠连群 一组载体所克隆的外源 DNA 片段,可通过末端的重叠序列相互连接成连续的 DNA 长片段,这一组带外源 DNA 的克隆即称为一个叠连群。这主要用于基因组作图和测序。

control 对照 一个实验必须设立对照,以便衬托出处理的效应。法医遗传学试验常包括阳性对照和阴性对照,阳性对照一般为已知标准品,如9947A,阴性对照常常是去离子水。

control region 控制区 即 HVR(high variable regions),又称 D‑环区,这个区域有 1 122 个核苷酸。mtDNA 由编码区和非编码区构成,非编码区也叫控制区,由 1 125 个 bp 组成,包括一个复制起始点,两个转录起始点及转移环。

convicted offender DNA database 犯罪人员 DNA 数据库 简称前科库,是由犯罪人群或犯罪高危人群的 DNA 分型结果构建的数据库。其主要的信息来源是暴力犯罪(如抢劫、强奸、凶杀等)人员的生物学样本,对其进行 DNA 多态性分析,将得到的分型数据储存起来而形成。

copy number 拷贝数 细胞所含的质粒数目,或一个基因组内某一基因或DNA 序列重复的份数。一般检测方法有:southern blot 和实时荧光定量 PCR。

core sequence 核心序列 指一些重复序列共有的核苷酸序列,核心序列有10~15 个碱基对,GGGCAGGAXG(X 为任何一种核苷酸)是共有的 10 个核苷酸序列,在前面还有 5 个碱基对,虽不是所有重复序列都有的,但是绝大多数重复序列公有的。

cosmid　黏粒,黏端质粒,柯斯质粒　cosmid 的原意是 cos site-carrying plasmid,指带有黏性末端位点(cos)的质粒。所谓柯斯质粒,乃是一类由人工构建的含有 λ DNA 的 cos 序列和质粒复制子的特殊类型的质粒载体。柯斯载体的特点:具有 λ 噬菌体的特性;具有质粒载体的特性;具有高容量的克隆能力和具有与同源序列的质粒进行重组的能力。

　　例如,柯斯质粒载体 pHC79,就是由 λ DNA 片段和 pBR322 质粒 DNA 联合组成的,一般长度 4~6 kb。含有 Amp 和 Tet 选择标记基因。其上的 cos 位点可识别噬菌体外壳蛋白。凡具有 cos 位点的任何 DNA 分子只要在长度上相当于噬菌体的基因组,就可以同外壳蛋白结合而被包装成类似噬菌体 λ 的颗粒。因此,插入柯斯质粒载体的外源 DNA 片段的长度可大于 40 kb,从而大大增加了载体的携带能力(见图 3)。

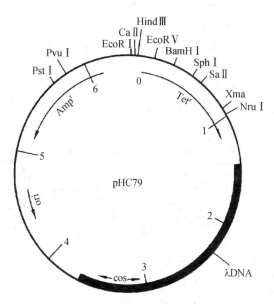

图3　柯斯质粒载体 PHC79 的结构图

covalently closed circular DNA(cccDNA)　共价闭合环状 DNA　通过共价键结合形成的封闭环状 DNA 分子。

Crossing over(crossover)　交换　在体内重组事件中,交换发生在遗传物质互换的位置上。交换是 DNA 链发生断裂和重接的位置。

CsCl‐EBr gradient　氯化铯-溴乙锭梯度　超速离心分离不同分子质量的 DNA 时,在配制不同密度梯度的氯化铯溶液中加入溴乙锭。超速离心后,将离心管置于暗室中,在紫外线照射下,与 DNA 分子结合的溴乙锭激发出荧光,可指示出不同分子质量的 DNA 在离心管内氯化铯溶液中的位置。

cumulative probability of exclusion(CPE)　累积非父排除概率　使用的全部遗传标记对于不是小孩生父的男子,否定父权有多大的可能性。计算累积非父排除概率的前提条件是一个遗传标记系统独立于另一个系统。公式如下:

$$CPE = 1 - (1 - PE_1) \times (1 - PE_2) \times$$
$$(1 - PE_3) \times \cdots \times (1 - PE_n)$$

curve fitting　曲线拟合　即非线性回归。推求一个解析函数 $y = f(x)$ 使其通过或近似通过有限序列的资料点(xi, yi),通常用多项式函数通过最小二乘法求得此拟合函数。

C value　C 值　单倍体染色体组所含有的 DNA 量。

C value paradox　C 值悖理,C 值矛盾　生物体单倍体染色体组所含 DNA 量的多少,与生物进化的程度无关。即进化地位高的生物体单倍体染色体组所含的 DNA 量,不一定多于有时甚至远少于进化地位低的生物体(见表 1)。

表 1　某些动物的基因组和染色体数目

生 物	基因组大小(bp)	染色体数目(n)
变形虫	6.7×10^{11}	几百个
百 合	9×10^{10}	12
小 鼠	3.4×10^9	20
人	3.2×10^9	23
鲤鱼	1.7×10^9	49
鸡	1.2×10^9	39
家 蝇	9×10^8	6
番 茄	6.5×10^8	12

cytoplasmic inheritance　胞质遗传　又称非孟德尔式遗传。由细胞质基因决定性状表现的遗传现象,如线粒体基因组在细胞减数分裂时,不是均匀地分配到 4 个子细胞中,因此子代获得的遗传物质不是均等的,所以不符合孟德尔式的遗传规律。

Cytosine(C)　胞嘧啶　嘧啶碱的一种,主要用于参加 DNA 和 RNA 的合成。

D

dalton　道尔顿　原子质量单位,定义为碳 12 原子质量的 1/12,1Da = 1/N g, N 为阿伏伽德罗常数,即 1.67×10^{-24} g。对分子来说,一个分子的质量,用道尔顿单位表示时,其值相当于分子质量。但分子质量为该物质的一分子的质量与 ^{12}C 原子的质量的 1/12 之比,是无量纲数。在生物化学、分子生物学,蛋白组学以及遗传学中经常用 Da 或 kDa,蛋白质是大分子,所以常用 kDa(千道尔顿)来表示。

DDBJ　日本 DNA 数据库　参见 DNA Data Bank of Japan。

ddNTP　双脱氧核苷三磷酸　参见 dideoxynucleoside triphosphate。

decoding　译码,解码　指在信使核糖核酸(mRNA)翻译过程中,将其所携带的密码子信息解读为蛋白质中的氨基酸残基的过程。

degeneracy　简并　4 种核苷酸每 3 个编成一组,共有 $4^3 = 64$ 种组合,决定 20 种氨基酸。因此,有两种或多种核苷酸三联体决定同一种氨基酸,这就是简并。

degree of freedom　自由度　允许自由取值的个数。

deletion　缺失　染色体组中的染色体或 DNA 分子发生部分丢失的现象。缺失的大小可从单个核苷酸到包括若干个基因的 DNA 片段。染色体端部的缺失称为末端缺失,其他部位的缺失称为中间缺失。由于一部分遗传物质的丢失,常常造成个体生活力下降以至致死。不致死的缺失往往引起不寻常的性状。

deletion heterozygote　缺失杂合子　一对同源染色体中,一条是正常染色体,另一条是缺失染色体。具有这种同源染色体的生物是缺失杂合子。

denaturant gradient gel electrophoresis(DGGE)　变性剂梯度凝胶电泳,梯度变性凝胶电泳　这是检出 DNA 分子单个核苷酸置换的一种电泳技术。基本原理是 DNA 双链是靠互补碱基之间的氢键连接的,碱基组成不同的

DNA 双链解开成为单链所需的温度也不同；换句话说，不同的 DNA 分子有不同的解链温度（T_m）。如果用 DNA 变性剂来代替温度，则不同的 DNA 双链解成单链时，需要不同浓度的变性剂。现在用不同浓度的变性剂配成电泳凝胶，变性剂浓度呈梯度增加，此时，如有 2 份 DNA 样品在凝胶中电泳，就会在不同浓度的变性剂的位置上解开成为单链。这样就可比较这 2 种 DNA 分子中单个核苷酸的不同。

denaturation 变性作用 物理或化学方法破坏蛋白质或核酸的二级结构或三级结构，使构成蛋白质的氨基酸或核苷酸的化学键断裂。断裂可以是部分的或全部的，是可逆的或非可逆的。在高温等物理因素和强酸、强碱等化学因素作用下，胶乳蛋白质的立体结构和性质发生改变的现象，叫做蛋白质变性；在加热、溶液碱性、加入有机溶剂如二甲基亚砜（dimethyl sulphoxide；DMSO），甲酰胺（formamide）等条件下，DNA 双链间的氢键断裂，形成两条单链的过程叫做 DNA 变性，DNA 分子变性不涉及核苷酸间的共价键，所以变性作用不引起 DNA 分子质量的变化。

denaturing high performance liquid chromatography（DHPLC） 变性高效液相色谱法 也叫温度调控高效液相色谱（temperature-modulated high performance liquid chromatography，TmHPLC），是一种快速筛选 DNA 序列变异信息的技术。DHPLC 进行突变检测是基于异源双链的形成。在部分变性的条件下，通过杂合与纯合二倍体在柱中保留时间的差异来发现 DNA 突变。异源双链 DNA 与同源双链 DNA 的解链特性不同，在部分变性条件下，异源双链因有错配区的存在而更易变性，在色谱柱中的保留时间短于同源双链，故先被洗脱下来，在色谱图中表现为双峰或多峰的洗脱曲线。

de novo synthesis 从头合成 某些复杂的物质从最简单的物质开始进行合成，而不是在已有的较复杂的分子上加减基因进行合成。

density gradient centrifugation 密度梯度离心 在密度梯度介质中进行的依密度而分离的离心法。在离心力影响下，通过密度递增的梯度进行沉降来分离大分子或亚细胞颗粒，各组分会依其密度分布在与其自身密度相同的液层中。密度梯度可以离心前预先制备（如叠加不同浓度蔗糖、甘油）或在离心中自然形成（如使用氯化铯时）。可用于分析型或制备型的离心分离。通常分为速率区带离心和等密度离心两种方式。密度梯度离心常用的介质为氯化铯，蔗糖和多聚蔗糖。

　　这项技术之所以能达到分离目的，有赖于：① 颗粒的浮密度，当分离时是通过密度梯度平衡离心时，颗粒在梯度中移动，停留在梯度溶液的密度与其自身密度相等的位置上。这是分子或颗粒的等密度点。不管离心再持续多少时间,颗粒不会离开这一位置。② 根据大小和形状而加以分开,这是由区带离心来完成的,待分开的颗粒或分子的密度大于梯度溶液的任何部分,所以它们将经过溶液而沉降下来,沉降的速率同它们的大小成正比。在离心时,较大的(移动较快的)颗粒将同较小的(移动较慢的)颗粒分开。不同大小的颗粒之间的距离,将随离心时间的延长而增大,但不会达到平衡,最终所有颗粒将沉降到离心管的底部。

Deoxyadenosine(dA)　脱氧腺嘌呤核苷　构成 DNA 的 4 种核苷之一。Deoxycytidine(dC)脱氧胞嘧啶核苷。构成 DNA 的 4 种核苷之一。

Deoxyguanosine(dG)　脱氧鸟嘌呤核苷　构成 DNA 的 4 种核苷之一。

deoxynucleoside triphosphate(dNTP)　脱氧核苷三磷酸　脱氧核苷的三磷酸酯,体内通常为 $5'$-三磷酸酯,是包括 dATP,dGTP,dTTP,dCTP,dUTP 等在内的统称,N 是指含氮碱基,代表变量指代 A、T、G、C、U 等中的一种。在生物 DNA、RNA 合成中,以及各种 PCR(RT - PCR、Real-time PCR)中起到原料作用。

deoxynucleotidyl transferase　脱氧核苷酸转移酶

Deoxyribonuclease(DNase)　脱氧核糖核酸酶　又称 DNA 酶,是一类内切核酸酶,作用于(单链或双链)DNA 的磷酸二酯键,催化 DNA 水解。

deoxyribonucleoside　脱氧核苷　参见 nucleoside。

Deoxythymidine(dT)　脱氧胸腺嘧啶核苷　构成 DNA 的 4 种核苷之一。

deoxyribonucleic acid(DNA)　脱氧核糖核酸　又称去氧核糖核酸,是一类带有遗传信息的生物大分子,其结构目前一般划分为一级结构、二级结构、三级结构和四级结构共四个阶段。

　　DNA 的一级结构是指构成核酸的四种基本组成单位——脱氧核糖核苷酸(核苷酸),通过 $3'$、$5'$-磷酸二酯键彼此连接起来的线形多聚体。DNA 的二级结构是指两条脱氧多核苷酸链反向平行盘绕所形成的双螺旋结构。DNA 的三级结构是指 DNA 中单链与双链、双链之间的相互作用形成的三链或四链结构。核酸以反式作用存在(如核糖体、剪接体),这可看作是核酸的四级水平的结构。

　　在双螺旋的 DNA 中,分子链是由互补的核苷酸配对组成的,两条单链依靠氢键结合在一起。由于氢键键数的限制,DNA 的碱基排列配对方式只能是 A 对 T(由两个氢键相连)或 C 对 G(由三个氢键相连)。因此,一条链的碱基序列就可以决定另一条的碱基序列,因为每一条链的碱基对和另一条链的碱基对都必须是互补的。在 DNA 复制时也是采用这种互补配对的原则进行的:当 DNA 双螺旋被打开时,每一条单链都可作为一个模板,通过互补的原则补齐另外的一条链,即半保留复制。

在法医遗传学中进行亲子鉴定和个体识别目前用得最多的是 DNA 上遗传标记的分型检测。人的血液、毛发、唾液、口腔细胞等均可提取 DNA,用于案件鉴定。

dependent variable　因变量　依赖于自变量而变化的因变量,也称反应变量。

DHPLC　变性高效液相色谱法　参见 denaturing high performance liquid chromatography。

diagnostic test　诊断试验　临床诊断和人群筛查均需借助一定的检测手段,根据检测结果作诊断或筛查结果,这类手段通称为诊断试验或筛查试验。

dideoxynucleoside triphosphate(ddNTP)　双脱氧核苷三磷酸　一种特殊核苷酸,这种核苷三磷酸的脱氧核糖上缺少 1 个 $3'$ 羟基,故不能同后续的 dNTP 形成磷酸二酯键。在 Klenow 酶的作用下,它可参入 DNA 链,但由于它缺少 $3'$ 羟基,所以 DNA 链就会在这里中断。

differential extraction　差异提取法　又称两步消化法(two-step lysis)。该方法被用于从精液与阴道液的混合斑中提取精子 DNA。原理:精子细胞核膜是富含二硫基的交联蛋白组成的网状结构,能抵抗各种类型的去污剂作用,对外源性蛋白酶水解也有相当强的抵抗作用。二硫苏糖醇(dithiothretiol, DTT)作为有机还原剂可使二硫基断裂,还原成 -SH。因此在进行精液斑 DNA 提取时,除了常规的 SDS、蛋白酶 K 以外,还需加入一定量的 DTT。利用精子细胞的这种特性进行精子 DNA 的提取。原则上只要能够提取到精子 DNA,分型就不再受阴道上皮细胞成分的干扰。

differentially methylated region(DMR)　差别甲基化区　印记基因在染色体上常呈簇状结构分布。DMR 是簇状结构中的一个关键控制因子。富集 CpG 而出现表观遗传修饰:

(1)甲基化时,抑制基因的表达。未甲基化时,作为边界因子(boundary elements)可间接作用于相邻基因的表达。

(2)甲基化时,消除未甲基化时的沉默子功能。未甲基化时,有沉默子(silencer)的功能。

(3)与反义转录本的表达相关联,这些转录本的表达进而保证了上游基因受到抑制。

总之,DMR 的作用是保证印记基因的单等位基因的表达。

digestion　消化,酶切,酶解　用一种酶制剂处理底物分子,使其共价键水解。

dimethyl sulphoxide(DMSO)　二甲基亚砜　一种氢键破坏剂。因其抗冻作用,可用于细胞的冻存;因其对大分子的变性作用,用于变性凝胶电泳等。属微毒类,对人体皮肤有渗透性,对眼有刺激作用。

diploid 二倍体 凡是由受精卵发育而来,且体细胞中含有两个染色体组的生物个体,均称为二倍体。可用 $2n$ 表示。人和几乎全部的高等动物,还有一半以上的高等植物都是二倍体。

Diploma in Medical Jurisprudence(DMJ) 法医师证书 法医师证书是伦敦药剂师学会颁发的法医师资格文凭。

direct grouping 正定型试验 ABO 血型是根据红细胞与特异性抗体的反应来分型的。即用抗 A 抗体判定 A 抗原,用抗 B 抗体判定 B 抗原,这种检查法称作正定型试验。为使结果准确,应进行正反两个试验来分型。

direct repeat 顺(正)向重复 在一个 DNA 分子中有 2 段以上的 DAN 的核苷酸序列相同而且取向一致。正向重复或是彼此连接,或是在同一分子中相距较远。与相应的正常基因相比,假基因往往缺少正常基因的内含子,两侧有顺向重复序列。

discrete variable 离散型变量 只能在孤立的几个数中取值的变量称离散型变量。二值变量是最简单的离散型变量。

discriminant analysis 判别分析 判别分析是类别明确的一种分类计数,它根据观测到的某些指标对所研究的对象进行分类。

discriminant coefficient 判别系数 设有两个总体 π_1 和 π_2,假定变量 x_1, $x_2 \cdots x_p$ 在 π_1 中的变异性与在 π_2 中的变异性相同。今从这两个总体中各随机抽取一份样本,作为训练样本。Fisher 提议寻找一组适宜的常数 a_1, $a_2 \cdots a_p$,使得每个个体都有一个 Z 得分,$Z = a_1 X_1 + a_2 X_2 + \cdots + a_p X_p$,而且两组 Z 得分的距离 $D^2 = (\bar{Z}_1 - \bar{Z}_2)^2 / S_z^2$ 最大。其中 $\bar{Z}_1$ 和 $\bar{Z}_2$ 分别为两组 Z 得分的均数,S_z^2 为两组 Z 得分方差的联合估计,D^2 称为 Mahalanobis 距离。这一组常数便称为判别系数。

discriminant function 判别函数 设有两个总体 π_1 和 π_2,假定变量 x_1, $x_2 \cdots x_p$ 在 π_1 中的变异性与在 π_2 中的变异性相同。今从这两个总体中各随机抽取一份样本,作为训练样本。Fisher 提议寻找一组适宜的常数 $a_1, a_2 \cdots a_p$,使得每个个体都有一个 Z 得分,$Z = a_1 X_1 + a_2 X_2 + \cdots + a_p X_p$,而且两组 Z 得分的距离 $D^2 = (\bar{Z}_1 - \bar{Z}_2)^2 / S_z^2$ 最大。其中 $\bar{Z}_1$ 和 $\bar{Z}_2$ 分别为两组 Z 得分的均数,S_z^2 为两组 Z 得分方差的联合估计,D^2 称为 Mahalanobis 距离。一旦找到了这一组常数值 $a_1, a_2 \cdots a_p$,便称第一个式子为判别函数。

discrimination power(DP) 个人识别能力 指从群体中随机抽取两名个体,其遗传标记表型不相同的概率,常用来评价系统效能。计算 DP 的公式为:

$$DP = 1 - \sum_{i=1}^{n} P_i^2 = 1 - Q$$

　　式中，n 为一个遗传标记的表型数目，P_i 为群体中第 i 个表型的频率。$\sum_{i=1}^{n} P_i^2$ 为人群中随机抽取的两个样本，纯粹由于机会而一致的概率（Q）。

dispersed repetitive sequences　散布重复序列　基因组中除卫星 DNA 以外的重复 DNA，都可归类为散布重复序列。散布重复序列主要有两类，根据重复片段的长度分短散布元件和长散布元件。

Dithiothretiol(DTT)　二硫苏糖醇　是一种小分子有机还原剂，可使二硫基断裂，还原成 $-SH$。DTT 的用途之一是作为巯基化 DNA 的还原剂和去保护剂。DTT 常被用于蛋白质中二硫键的还原，可用于阻止蛋白质中的半胱氨酸之间所形成的蛋白质分子或分子间二硫键。提取精子 DNA 时，DTT 被用于裂解精子细胞。

DMR　差别甲基区　参见 differentially methylated region。

DMSO　二甲基亚砜　参见 dimethyl sulphoxide。

DNA　脱氧核糖核酸　参见 deoxyribonucleic acid。

DNA database　DNA 数据库　DNA 数据库是 DNA 检测技术、数字化技术、计算机网络通信技术和数据库技术四种技术有机的结合。集合所有已知核酸的核苷酸序列，单核苷酸多态性、结构、性质以及相关描述，包括它们的科学命名、来源物种分类名称、参考文献等信息的资料库。基因和基因组的资料也包含在 DNA 数据库中。目前国际上比较重要的核酸（含蛋白质）一级数据库有美国的 GenBank、欧洲的 EMBL 和日本的 DDBJ。三个数据库信息共享，每日交换，所以资料是一样的，唯独格式有所不同。

DNA chip　DNA 芯片　DNA 芯片也称基因芯片、DNA 微阵列、寡核苷酸阵列，是指采用原位合成或显微打印手段，将数以万计的 DNA 探针固化于支持物表面上，产生二维 DNA 探针阵列，然后与标记的样品进行杂交，通过检测标记样本与探针的杂交信号强度获取样本分子的数量和序列信息。由于常用硅芯片作为固体支持物，且在制备过程中运用了计算机芯片的制备技术，所以称之为 DNA 芯片技术。它是基因组研究的一种工具。将基因、cDNA 或人工合成的寡居核苷酸片段作为探针，按照特定的排列方式固定在硅片、玻片或塑料片上。既可利用固相合成的原理将探针直接合成在片基上，也可将 DNA 用人工或机器人固定在片基上。一个指甲盖大小的芯片上排列的探针可以多达上万个。使用时，先将所研究的 DNA 或 cDNA 用荧光标记，然后与芯片上的探针杂交。用激光共聚显微镜对芯片扫描,配合计算机软件系统检测每一探针的荧光信号,从而高效且大规模地获取相关的生物信息。DNA 芯片可用于研究基因的表达谱,发现新基因,分析基因突变和 DNA 多态性,基因组文库作图,基因诊断,药物筛选等。

DNA criminal investigative database　DNA 犯罪调查数据库　DNA 数据库也称为 DNA 犯罪调查数据库,是将法医 DNA 多态性分析技术与计算机网络传输技术和大型数据库管理技术相结合而建立的,对各类现场法医物证检材和违法犯罪人员样本的 DNA 分型数据及相关的案件信息或人员信息进行计算机存储,并实现远程快速对比和查询的数据共享信息系统。

DNA Data Bank of Japan(DDBJ)　日本 DNA 数据库　始建于 1986 年,由国立遗传学研究院负责数据库的建设、维护及数据的传播,并与 EMBL 和 GenBank 合作,可以从世界各地通过网络把序列直接提交该数据库。DDBJ 网页上也提供了包括 Fast A 和 BLAST 在内的数据库查询工具。

DNA database　DNA 数据库　利用 DNA 分型技术、计算机技术和网络技术手机法医 DNA 数据而建立起来的信息储存和查询系统,称为法医 DNA 数据库。

DNA double helix　DNA 双螺旋　DNA 双螺旋是一种核酸的构象,在该构象中,两条反向平行的多核甘酸链相互缠绕形成一个右手的双螺旋结构。DNA 双螺旋的碱基位于双螺旋内侧,磷酸与糖基在外侧,通过磷酸二酯键相连,形成 DNA 双螺旋核酸的骨架。碱基平面与假象的中心轴垂直,糖环平面则与轴平行,两条链皆为右手螺旋。双螺旋的直径为 2 nm,碱基堆积距离为 0.34 nm,两核甘酸之间的夹角是 36°,每对螺旋由 10 对碱基组成,碱基按 A – T,G – C 配对互补,彼此以氢键相联系。维持 DNA 双螺旋结构的稳定的力主要是碱基堆积力。双螺旋表面有两条宽窄、深浅不一的一个大沟和一个小沟(见图 4)。

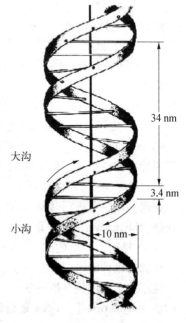

图 4　DNA 双螺旋的结构

DNA finger print　DNA 指纹　属于限制性片段长度多态性(restriction fragment length polymorphism,RFLP)分析,与

DNA 纹印技术类似,区别在于可以同时检出多个 VNTR 基因座。实验步骤分为生物检材基因组 DNA 的提取与定量、限制性核酸内切酶酶切消化、电泳分离、印迹转移、探针制备与标记、分子杂交与自显影等。多基因座探针特异性不如单基因座探针,在低强度杂交条件下,可与不同染色体上的多个 VNTR 基因座杂交,显示极其复杂的 FRLP 图谱。该技术的局限性在于:检测灵敏度低;对基因组 DNA 的要求高;操作繁琐,周期长;多基因座探针没有种属特异性;没有基因座的特异性,不能解决混合检材的鉴定问题;高突变率;统计方法的不完善以及无法进行结果的标准化。

DNA helicase　DNA 解旋酶　把 DNA 双链解开成为单链的酶。在解开 DNA 复制叉上的 DNA 模板时,有 2 种 DNA 解旋酶分别沿着前导链和后随链作用。不同来源的 DNA 解旋酶的共同特性是通过水解 ATP 提供解链的能量,而复制叉结构的存在与否对活性的影响因酶而异。

DNA length polymorphism　DNA 长度多态性　指同一基因座上各等位基因之间的 DNA 片段长度差异构成的多态性。DNA 长度多态性靶序列主要是指可变数目串联重复序列(variable number of tandem repeat,VNTR),VNTR 既存在于小卫星 DNA 中,也存在于微卫星 DNA 中。由于命名习惯和为了便于区分,通常小卫星 DNA 中的可变数目串联重复序列称为 VNTR,而微卫星的可变数目串联重复序列称为短串联重复序列(short tandem repeat,STR)。长度多态性的形成机制主要是:复制滑动、同源重组和等位基因的结构性重排。DNA 长度多态性是按照孟德尔方式遗传的,它们在基因定位、DNA 指纹分析和遗传病的分析与诊断中广泛地应用。

DNA ligase　DNA 连接酶　指催化双链 DNA 或 RNA 中并列的 $5'$-磷酸和 $3'$-羟基之间形成磷酸二酯键的酶。

DNA only transposons　DNA 形式转座子　可以通过 DNA 复制或直接切除两种方式获得的可移动片段,重新插入基因组 DNA 中。根据转座的自主性,这类元件又可以分为自主转座元件和非自主转座元件,前者本身能够编码转座酶而进行转座,后者则需在自主元件存在时方可转座。

DNA polymerase　DNA 聚合酶　把一条 DNA 单链作为模板合成一条新的 DNA 链时所需要的酶。DNA 多聚酶合成 DNA 时是从 $5'$ 到 $3'$ 把核苷酸连续加在延伸的游离 $3'$ 羟基上。模板链按照 Watson-Crick 碱基配对原则决定添加上去的核苷酸的次序。

DNA polymeraseⅡ　DNA 聚合酶Ⅱ　参与 DNA 修复的一种细菌 DNA 多聚酶。

DNA polymeraseⅢ   DNA 聚合酶Ⅲ   细菌中主要的 DNA 复制酶。

DNA polymerase α   DNA 聚合酶 α   真核细胞中引导 DNA 复制的酶。

DNA polymerase δ   DNA 聚合酶 δ   真核细胞中主要的 DNA 复制酶。

DNA polymerase γ   DNA 聚合酶 γ   负责线粒体基因组复制的酶。

DNA polymorphism   DNA 多态性   在基因组 DNA 中,由不同碱基结构的等位基因所形成的多态性叫做 DNA 多态性。按照 DNA 遗传标记的结构特征,DNA 多态性可分为长度多态性和序列多态性两类。

DNA profile   DNA 纹印   属于限制性片段长度多态性(restriction fragment length polymorphism,RFLP)分析,与 DNA 指纹技术类似,但只可以检出单个 VNTR 基因座。由于 VNTR 等位基因占据一对同源染色体,故纯合子显示一条谱带,由两条长度相等的片段重合形成;杂合子显示片段长度不等的两条谱带。实验步骤分为生物检材基因组 DNA 的提取与定量、限制性核酸内切酶酶切消化、电泳分离、印迹转移、探针制备与标记、分子杂交与自显影等。该技术早期应用于法医学个体识别与亲子鉴定中,但由于该技术灵敏度较低、技术繁琐、成本高,现在已很少应用。

DNA replication   DNA 复制   从亲代 DNA 合成子代 DNA 的过程。根据 Watson-Crick 提出的 DNA 双螺旋模型和 DNA 的复制机制:亲代 DNA 的两条链解开,每条链作为新链的模板,从而形成两个子代 DNA 分子,其中每一个子代 DNA 分子包含一条亲代链和一条新合成的链。

DNA 复制主要包括引发、延伸、终止三个阶段。

复制开始时,DNA 解旋酶把 DNA 分子的双链解开形成两股单链,形成的丫型结构称为复制叉。复制叉是不对称的,即一条子链是连续合成的,称为前导链(leading strand),其合成稍稍领先于另一条不连续合成的后随链(lagging strand)。由于 DNA 子链的合成是从 5′到 3′方向进行,所以前导链只需在复制起点有一个引物,一旦形成复制叉后,DNA 多聚酶就可沿着模板不断地加上新的核苷酸,从而合成一条连续的子链。后随链的合成则要等前导链开始合成从而将其模板链暴露出来后才得以进行。此时先由 DNA 引物酶合成与后随链亲链碱基互补的、长约 10 个核苷酸的 RNA 引物,在 DNA 多聚酶作用下沿着后随链模板合成 DNA,一直延伸到前一个 DNA 片段 5′端上的 RNA 引物为止。这样就合成了一系列长约 200 个核苷酸的不连续的冈崎片段(Okazaki fragment)。在能专一识别 DNA/RNA 双链体中 RNA 链的特定的 DNA 修复酶作用下,RNA 引物被切除,并代之以由 DNA 多聚酶合成的 DNA 小片段。最后由 DNA 连接酶把冈崎片段连接成一条连续的 DNA 单链。

DNA 复制的保真性很高,据观察为每 10^9 碱基对复制中有 1 个差错,这是由于有"校对"机制的缘故。

复制过程中有许多种蛋白质参与作用,其中包括:① DNA 多聚酶和 DNA 引物酶用以催化三磷酸核苷的聚合;② DNA 解旋酶和单链 DNA 结合蛋白质以帮助解开 DNA 螺旋,使之能成为复制模板;③ DNA 连接酶和讲解 RNA 引物的酶,把后随链上不连续合成的片段连接成一条单链;④ DNA拓扑异构酶,使已松开的螺旋不再卷曲盘绕;⑤ 启动蛋白质结合在复制起点的特定序列上,催化在该位点上形成复制叉。在复制起点上,由启动蛋白质、DNA 解旋酶、DNA 引物酶形成一个专一的蛋白质 - DNA 复合体称为引物体,这种由多种酶形成的"复制机器"催化 DNA 的合成。

DNA sequence polymorphisms   **DNA 序列多态性**   指一个基因座上,因不同个体 DNA 序列有一个或多个碱基的差异而构成的多态性。可以理解为该基因座上所有等位基因 DNA 长度相同,但它们之间的序列存在差异。在 DNA 基因组中,无论是编码区或者非编码区,单碱基替换是最基础的突变形式。DNA 序列多态性分析技术很多,各具特色。近年来,高新技术如 DNA 芯片、DHPLC 和 MALDI - TOF - MS 分析技术、焦磷酸测序等越来越受到关注。

DNA sequencing   **DNA 测序**   DNA 测序是对 DNA 分子的一级结构的分析,经典的序列测定技术有 Sanger 双脱氧核苷酸链终止法和 Maxam 化学降解法,前者是利用 DNA 聚合酶作用,以靶 DNA 单链为模板合成一系列长短不同的 DNA 片段;后者则是采用特殊的化学试剂将靶 DNA 链降解产生一系列长短不同的片段,然后对片段的末端碱基分析获取 DNA 序列的信息。DNA 及 DNA 测序发展的简史如下:

年 代	大 事 记
1868 年	Miescher 发现 DNA
1940 年	Avery 提出 DNA 是遗传物质
1953 年	Watson 和 Crick 发现 DNA 分子的双螺旋结构。同年,用紫外光谱测定 RNA 序列,但需大量供试样品
1965 年	Holley 测定酵母 tRNA^ala 的序列,测序效率为 1 bp/(人·年)。
1970 年	吴瑞测定 λ 噬菌体黏性末端 DNA,建立了合成时需有引物以及化学降解等概念。应用凝胶电泳分离 DNA,此时测序效率为 150 bp/(人·年)
1977 年	Sanger 创立双脱氧核苷酸中止法,Gillert 创立化学降解法,测序效率达 1 500 bp/(人·年)

续 表

年 代	大 事 记
1980 年	Messing 将 DNA 克隆在 M13 或质粒中,优化了测序条件,开始用计算机处理数据,测序效率为 15 000～25 000 bp/(人·年)
1986 年	引入 PCR 概念。Hood 建立部分自动化测序。应用自动荧光测序仪和机械手操作
1990 年	开始出现杂交测序、单分子测序、原子探针显微镜质谱等新概念和技术,测序效率为 10 万 bp/(人·年)
1995 年	全自动测序仪问世。Venter 测定第一个细菌基因组序列,测序效率达 100 万 bp/(人·年)
1996 年	测定第一个单细胞真核生物(酿酒酵母)的全基因组序列
1998 年	测定第一个多细胞真核生物(隐杆秀丽线虫)的全基因组序列
1999 年	PE 公司 96 毛细管自动测序仪问世,测序效应 1.5 亿 bp/(机器·年)
2000 年	测定第一个高等植物拟南芥的全基因组序列
2001 年	公布人类基因组草图的 DNA 序列
2002 年	公布水稻基因组草图的 DNA 序列

最常用于法医 DNA 序列分析的遗传标记是人类线粒体 DNA(Mitochondrial DNA, mtDNA)

domain 域 蛋白质结构的一个基本单位。每个域的核心主要由一组相互交织的 β 层或一组 α 螺旋组成,或 β 层和 α 螺旋两者共同组成。α 螺旋和 β 层所组成的域通常是致密折叠的球状单位。

domain shuffling 结构域混编 一个或几个基因的片段进行重排,每一个片段编码一个结构域,由此可产生出新的基因。

dosage effect 剂量效应 细胞内某种基因重复份数越多,其表型效应越显著的现象。

dot blot 点渍法,斑点印迹 Southern 印迹操作的一种变形。可用来鉴定某种 RNA 或 DNA 或其浓度。不同浓度的不含放射性的 DNA 变性后,滴在硝酸纤维素膜或其他 DNA 支持基质上成为一个点渍。然后用所研究的放射性探针与其杂交。放射自显影后形成的放射性映像的强度可以定量,并同一系列对照作比较以确定不含放射性的 DNA 分子的浓度。

double blind 双盲 根据盲态的程度分为双盲和单盲两种临床试验。在具备条件的情况下,应当采用双盲试验,尤其在试验的主要变量易受主观因素干扰时更应采用双盲试验。

double-strand break 双链断裂 一条染色体的两条链都发生了断裂,断裂是由内切酶水解磷酸二酯键的结果。DNA 断裂之后由核酸外切酶扩大缺口。接着是断裂链的游离 3′端插入到具有完整双链的同源染色体中,形成 D-环结构。

double-stranded DNA(dsDNA) 双链 DNA 两条 DNA 单链通过碱基互补作用而形成的双链 DNA 分子。

double-stranded RNA(dsRNA) 双链 RNA 具有抑制基因表达作用的双链 RNA,通过碱基互补作用形成。它被处理成很短的单位,能识别同源的 mRNA 并使之断裂。它的来源主要有以下 4 种:① 通过反向重复 DNA 序列转录形成长发夹环状 mRNA;② 通过双生启动子转录正义链和反义链,或是同时合成有意义 RNA 和反义 RNA;③ 病毒的复制。④ 细胞的或病毒的依赖于 RNA 的 RNA 聚合酶以单链 RNA 为模板合成的。当 dsRNA 序列中含有多份启动子拷贝时,会导致转录水平上的基因沉默 (transcriptional gene silencing,TGS);当 dsRNA 序列中包含了 ORF 时,则将发生转录后基因沉默(post-transcriptional gene silencing,PTGS)。dsRNA 的结构比较复杂,原因在于它的不确定性。通常 dsRNA 都比较短,但这也决定了它受环境的影响很大,不稳定,所以没有固定的二级结构。

down regulation   减量调节 阻遏基因表达或使表达产物减少的调控作用。

down stream   下游 ① 对 DNA 或 RNA 而言,对于 3′端方向的相对位置为下游。② 对基因转录而言,处于 RNA 多聚酶进行方向的为下游。③ 对多肽而言,处于 C 端一侧的位置为下游。④ 对分阶段且相互衔接的系统工程而言,在前期阶段工作基础上进行的后期阶段工作为下游。如基因工程或生物技术,在实验室研究成果的基础上,将基因表达和产物分离纯化等置于生产规模上进行,为下游。同样的,即使是实验室工作,相对于基因克隆和表达载体构建而言,重组的 DNA 构建体的表达、产物的分离纯化等也可称为下游。

DP   个人识别能力 参见 discrimination power。

ds   双链的,双股的 参见 duplex。

dsDNA   双链 DNA 参见 double-stranded DNA。

dsRNA   双链 RNA 参见 double-stranded RNA。

dT   脱氧胸腺嘧啶核苷,脱氧胸苷 DNA 4 种核苷组成之一。

duplex   双链体,双链分子 双链核酸分子或单链分子中的一个双链区。

dynamic mutation   动态突变 指基因组内一些简单串联重复序列的拷贝数在每次减数分裂或体细胞有丝分裂过程中发生的改变。在动态突变中的重复单位片段的大小从 3 个碱基到 33 个碱基长度不等。目前在一些神经系统疾病的致病基因中发现三核苷酸重复序列的拷贝数增加超过某一阈值后,就能引起疾病的发生,如亨丁顿舞蹈症基因,脆性染色体智力低下症的 *FMRI* 基因等。

D

E

EB **溴化乙锭** 参见 ethidium bromide。

EDTA **乙二胺四乙酸** 参见 ethylenediaminetetraacetic acid。

effect **效应** 效应是处理因素作用于受试对象的结果。

electrophoretic transfer **电转移** 用电泳技术将凝胶中的蛋白质、DNA 或 RNA 条带按原位转移到固体支持物,形成印迹。

ELISA **酶联免疫吸附试验** 参见 enzyme-linked immunosorbent assay。

elution test **解离试验** 又称吸收-解离试验(absorption-elution test)。原理:血痕中的 A、B、H 抗原能与相应的抗-A、抗-B、抗-H 抗体发生特异性的结合反应。这种特异性结合是可逆的,56℃ 加热后,血痕上抗原结合的抗体可以解离下来。用已知的 A、B、O 指示红细胞检测解离液中抗体。红细胞出现凝集者为解离试验阳性;红细胞不凝集者为解离试验阴性。综合反应结果,可判断血痕的 ABO 血型。

EMBL **欧洲分子生物学实验室** 参见 European Molecular Biology Laboratory。

EMBO **欧洲分子生物学组织** 参见 European Molecular Biology Organization。

endogenous **内源的** 由生物体内发生的,或发生在生物体内的,或生物体内原有的。

endogenous gene **内源基因** 生物体基因组内自身原有的基因。

enhancer **增强子** 增强真核基因启动子转录的一类顺式作用序列,一般位于基因上游。增强子可分为细胞专一性增强子和诱导性增强子两类。

enzyme-linked immunosorbent assay(ELISA) **酶联免疫吸附试验** 是一种固相酶免疫分析法。常用聚苯乙烯为固相载体,将抗原或抗体包被到固相载体上,使免疫反应在固相载体上进行。然后借助抗体上标记酶的活性,使底物被催化后形成有颜色的产物。ELISA 法比较灵敏、快速、特异性好，比之放射测定系统或荧光测定系统，既无伤害作用又较省钱。ELISA 法有直接法与间接法两种。两者均可用于测定血痕中的 IgG，进行种属鉴定。间接法有两次放大作用，故较直接法灵敏。

EtBr **溴化乙锭** 参见 ethidium bromide。

Ethylenediaminetetraacetic acid(EDTA) **乙二胺四乙酸** 是一种重要的络合剂。EDTA 是螯合剂的代表性物质，能和碱金属、稀土元素和过渡金属等形成稳定的水溶性络合物。

e-PCR, electronic PCR **电子 PCR** 用一段 DNA 序列，例如序列标签位点(STSs)作为探针，在 DNA 序列数据库中搜索其同源序列，以求获得跨度很长的叠连群。最后可根据叠连群的序列，设计引物，此基因组 DNA 或 cDNA 为模板进行 PCR 操作，扩增出真实的 DNA 产物。参见 PCR，contig。

epi-allele **表观等位基因** 有表观突变效应的等位基因。

epigenetic asymmetry **表观遗传不对称性** 具有相同 DNA 序列的两个基因组，对基因的表达和抑制的调控却有不同方式的可逆且可遗传的修饰。

epigenetics **表观遗传学** 是与遗传学(genetic)相对应的概念，是研究在 DNA 序列不出现变化的情况下基因表达出现可遗传变化的学科。表观遗传的现象很多，已知的有 DNA 甲基化(DNA methylation)，基因组印记(genomic imprinting)，母体效应(maternal effects)，基因沉默(gene silencing)，核仁显性、休眠转座子激活和 RNA 编辑(RNA editing)等。目前明确的表观遗传仅见于真核细胞生物，主要有三种遗传模式：稳定模式、结构遗传模式和染色质标记模式。表观遗传学在法医学中的研究热点目前主要是两类：DNA 甲基化在同卵双生子甄别中的应用研究以及印记基因的法医学研究。

epigenetic change **表观改变** 参见 epimutation。

epigenome **表观基因组** 全基因组的甲基化图谱。

epigenomics **表观基因组学** 研究全基因组甲基化的机制和功能的学科。

epimutation **表观突变** 又称表观改变(epigenetic change)。指并不是由于基因的核苷酸序列改变所造成的突变。例如，DNA 甲基化和去甲基化、染色质组蛋白的乙酰化和去乙酰化等引起的基因表达活性的变化。

epitope **表位** 指抗原分子中被相应抗体或抗原受体识别的特定部位。多数蛋白质抗原具有多个表位，可分别被 B 细胞受体和 T 细胞受体所识别。

EsD **酯酶 D** 参见 esterase D。

EST 表达序列标签 参见 expressed sequence tag。

ethidium bromide(EtBr,EB) 溴化乙锭 一种嵌入剂,用来快速检验琼脂糖凝胶中的双螺旋核酸分子,核酸-溴化乙锭复合物经紫外线照射会发出明亮的荧光。溴化乙锭也用于在氯化铯梯度中分离共价闭合环的质粒分子。溴化乙锭嵌入 DNA 分子增加 DNA 的长度,减低了它的浓度。需要注意的是 EB 是一种强诱变剂,并有中度毒性,可用 SYBRR Green 或 $4', 6$-二脒基-2-苯基吲哚($4'$,6-diamidino-2-phenylindole,DAPI)替代。

esterase D(EsD) 酯酶 D 存在于红细胞和组织中的水解酶。该水解酶有酯酶 A、B、C 和 D。

Euclidean distance 欧氏距离 对于任两个样品 i 和 k 可定义欧氏距离:

$$d_{ik} = \sqrt{(X_{i1} - X_{k1})^2 + (X_{i2} - X_{k2})^2 + \cdots + (X_{im} - X_{km})^2}$$
$$= \Big[\sum_{j=1}^{m} (X_{ij} - X_{kj})^2 \Big]^{1/2}$$

式中,X_{ij} 和 X_{kj} 分别为第 i 个样品的第 j 个变量和第 k 个样品的第 j 个变量值。

European Molecular Biology Laboratory(EMBL) 欧洲分子生物学实验室 1962 年最初提出筹建该实验室,1974 年正式成立。现在由欧洲 14 个国家和以色列出资助资。总实验室位于德国海得堡(Heidelberg),另在德国汉堡(Hamburg)和法国格列诺勃(Grenoble)各有一个分实验室。EMBL 主要从事分子生物学领域中的基础研究,同时又是欧洲新一代分子生物学家的培训中心。20 世纪 90 年代初,EMBL 的主要研究方向是:细胞生物学,生物结构,生物计算科学,分化,基因表达;另有物理仪器和生化仪器 2 个研究部门。

European Molecular Biology Organization(EMBO) 欧洲分子生物学组织 欧洲国家出资组成的从事分子生物学研究的机构。

Europoid 欧罗巴人种 又称白色人种、欧亚人种或高加索人种,在欧洲殖民扩张以前,主要分布于欧洲、西亚、北非和南亚次大陆的北部地区,在美洲和大洋洲的人口中也占很大比例。欧罗巴人种又可以区分出大西洋-波罗的海人种、印度-地中海人种、中欧人种、白海-波罗的海人种以及巴尔干-高加索人种等若干不同的亚种。

event 事件 一般地,设某试验的可能结局有 E1,E2,… 等,我们分别称 E1,E2,… 为事件。

excluding probability of paternity(PE) 非父排除概率 又称父权排除概率

（probability of exclusion，PE），指孩子的非亲生父亲的男子，能够被某个遗传标记系统排除的概率。这个指标用于评估某一遗传标记系统在亲权鉴定案件中的实用价值。遗传标记系统的多态性程度越高，排除非亲生父亲的效能越高。

exon 外显子 真核基因中与成熟 mRNA、rRNA 或 tRNA 分子相对应的 DNA 序列，为编码序列。外显子被内含子（intron）隔开，转录后经过加工被连接在一起，生成成熟的 RNA 分子。一个基因有 n 个外显子，则相应有 $n-1$ 个内含子。

exonuclease 核酸外切酶 在核酸水解酶中，具有从分子链的末端顺次水解磷酸二酯键而生成单核苷酸作用的酶，与核酸内切酶相对应。这种酶要求有一个游离末端以便降解 DNA 分子或 RNA 分子。其中 $5'$ 核酸外切酶需要有一个游离的 $5'$ 端，从 $5' \rightarrow 3'$ 方向逐渐地降解核酸分子；$3'$ 核酸外切酶则需要一个 $3'$ 游离端，并按相反方向逐渐降解核酸分子。

experiment design 实验设计 实验设计是通过精心计划对象的选择、处理因素的分配、指标的测量和资料分析来保证比较组间对象和实验条件是均衡的，实验结果有较好的可比性，并且较好地控制误差以能用较小的样本获取可靠的结论。

expertise qualification 专业资格 即鉴定人独立获得鉴定权的基本条件，是鉴定人应具备的实质要件。

expert testimony 专家证言 专家证人的鉴定结论和鉴定意见属于专家证言，而不属于法定证据，并且认为其与普通证人的陈述无论在逻辑思维还是心理学、诉讼地位以及法律地位上，两者没有本质的区别，仅仅是在其掌握的知识程度上的区别。

expert witness 专家证人 英美法系国家把鉴定人规定为一种特殊的证人，即专家证人，是相对于普通证人而言。

expressed sequence tag(EST) 表达序列标签 在人类基因组测序工作中，有一个区别于"全基因组策略"的"cDNA 战略"，即只测定转录的 DNA 序列。EST 是从一个随机选择的 cDNA 克隆进行 $5'$ 端和 $3'$ 端单一次测序获得的短的 cDNA 部分序列，代表一个完整基因的一小部分。EST 来源于一定环境下一个组织总 mRNA 所构建的 cDNA 文库，因此 EST 也能说明该组织中各基因的表达水平。特定的 EST 序列有时可代表特定的 cDNA。EST 产生的技术路线：首先从样品组织中提取 mRNA，在反转录酶的作用下用 oligo(dT) 作为引物进行 RT-PCR 合成 cDNA，再选择合适的载体构建 cDNA 文库，对各菌株加以整理，将每一个菌株的插入片段根据载体多克隆位点设计引物,进行两端一次性自动化测序。

extended haplotype **扩展单倍体型** 美国 DNA 分析方法科学工作组 (SWGDAM)建议在最小单倍型基因座基础上再增加两个 Y-STR 基因座 DYS438 和 DYS439,构成"扩展单倍体型",以增加鉴别能力。

extension **延伸** DNA 聚合酶在适当温度条件(如 72℃)下催化 4 种 dNTP 原料按碱基互补配对原则从引物的 3′末端开始掺入,沿模板由 5′→3′方向 延伸,合成一条新的 DNA 链的过程。

extragenic DNA **基因外 DNA** 基因组中除了基因以及与基因有关的序列 之外,余下占基因组 70%~80%的 DNA,功能不清,这部分被称为基因外 DNA。这类 DNA 序列多数以单拷贝或低拷贝形式出现,有 30%左右呈现 串联重复的特点。

F

false positive rate(FPR)　假阳性率　即误诊率或第Ⅰ类错误 α。

family　家族　分子生物学中将核苷酸序列或氨基酸同源性高的 DNA 分子或蛋白质归为一个家族，如 Alu 家族或 G 蛋白家族。参见 gene family，sequence family。

FCM　流式细胞术　参见 Flow Cytometry。

finite population　有限总体　总体中个体的数目有限者，称有限总体。

FISH　荧光(素)原位杂交　参见 florescence in situ hybridization。

Fisher's exact test　Fisher 精确概率检验　χ^2 分布是一种连续性分布。在检验的零假设成立条件下，我们用公式 $\chi^2 = \sum (f_{ij} - e_{ij})^2/e_{ij}$ 算得的 χ^2 值只是近似于 χ^2 分布。在自由度大于 1、理论频数大于 5 时，这种近似的程度很好；当自由度为 1 时，就有人主张对 χ^2 作连续性校正。当总例数 $n <$ 40 时，即使采用校正公式计算的 χ^2 值亦有偏倚。此时可用超几何分布直接计算在给定各边缘和的条件下，各种可能事件发生的概率，并作出统计学推论。这也是一种条件方法，由 R. A. Fisher(1934)提出，又称 Fisher 精确概率检验。

fixed bin　固定箱　在分析 DNA 纹印结论时必须将表现为连续随机变量的等位基因频率通过数据合并处理成离散型变量，固定箱分析是其方法之一。固定箱分析是将片段长度范围从大到小人为地分成若干个"箱"，箱的界限值确定靠一套标准的片段长度标记，由此将连续的基因频率分布处理成一系列不连续数据。

flanking sequence　侧序,侧翼序列　指结构基因两侧的核苷酸序列,结构基因的侧序中有该基因的调控因子和启动因子。

flavin　黄素　是一类基于蝶啶的、由异咯嗪环衍生而来有机化合物的总称。

它们的生物化学来源是核黄素。黄素基团常常和二磷酸腺苷连接形成黄素二磷酸腺苷酸(FAD)或黄素单磷酸腺苷酸(FMN)。黄素基团以 FAD 或 FMN 的形式充当黄素蛋白的关键辅基。精囊液中的黄素在紫外线照射下显银白色荧光,斑痕边缘呈浅紫蓝色。

floating bin　滑动箱　在分析 DNA 纹印结论时必须将表现为连续随机变量的等位基因频率通过数据合并处理成离散型变量,滑动箱分析是其方法之一。采用自动光学扫描定位仪,将固定膜上所有片段迁移的全距离人为地分成数字化位置单位,并确定扫描检测系统片段长度测量的均值±标准差($x \pm s$)。等位基因片段长度的测定值一般以 ±1~3 个标准差为范围,即落在 ±1~3 个 s 范围内的所有片段都合并成一个基因。

Florence crystal test　碘化碘钾结晶试验　精液斑的预试验,原理是精液斑中卵磷脂析出胆碱,遇碘形成过碘胆碱结晶。该试验灵敏度不高,只有 1∶400。精液混有大小便、血液或其他化学药品时,将妨碍结晶的形成。

florescence *in situ* hybridization(FISH)　荧光原位杂交　用荧光(素)标记探针作分子杂交,确定 DNA 或 RNA 在染色体上或细胞内所处的位置。

flow cytometry(FCM)　流式细胞术　一种对液流中排成单列的细胞或其他生物微粒(如微球、细菌、小型模式生物等)逐个进行快速定量分析和分选的技术。对细胞进行分选的原理是:由超声振荡器产生高频振荡,使流动室发生振动,把喷嘴喷出的细胞液流断裂成一连串的均匀小液滴,有的液滴内含有细胞。这些细胞在形成液滴前,光学系统已测定了它们的信号(代表细胞的性质),如果测得信号与所选定的要进行分选的细胞性质符合,仪器给整个液流充以短暂的正或负电荷。当该液滴离开液流后,其中被选定细胞的液滴就带有电荷,而不被选定的细胞液滴则不带电。带有正电或负电的液滴通过高压偏转板时发生向阴极或向阳极的偏转,从而达到了分类收集细胞的目的。

fluorescence resonance energy transfer(FRET)　荧光能量共振转移　FRET 现象是指距离很近的两个荧光分子间产生的一种能量转移现象。当供体荧光分子的发射光谱与受体荧光分子的吸收光谱重叠,并且两个分子的距离在 10 nm 范围以内时,就会发生一种非放射性的能量转移,即 FRET,使得供体的荧光强度比它单独存在时要低得多(即荧光猝灭),而受体发射的荧光却大大增强(即敏化荧光)。

flush ends　平端　参见 blunt ends。

forensic casework sample DNA database　现场物证 DNA 数据库　简称现场库,是对案件或事故现场有价值的各类生物学检材进行筛选及 DNA 分型,然后按照检验材料的不同类型进行数据储存而形成的一个数据库。其主要的信息来源是犯罪现场的生物学检材,如精斑、唾液、毛发、血迹等,特别是未破案件的检材,将检测后的 DNA 分型数据输入到数据库中,可备用于今后的检索和串联并案研究。

forensic biology **法医生物学** 参见 forensic genetics。

forensic blood group serology **法医血型血清学** 参见 forensic genetics。

forensic clinical medicine **法医临床学** 法医临床学士应用医学与临床医学的理论和技术,研究并解决法律上有关活体的医学问题的应用学科。

forensic genetics **法医遗传学** 这门学科的命名国内外尚未完全统一。国外称为法医血清学(forensic serology)、法医血型血清学(forensic blood group serology)、法医血液遗传学(forensic hematogenetics)及法医生物学(forensic biology)。我国法医学专业目录定名为法医物证学。法医物证学是因法律的需要和自然科学的发展而产生的一门交叉学科。法医物证学是以法医物证为研究对象,以提供科学证据为目的,研究应用生命科学技术解决案件中与人体有关的生物检材的一门学科。法医物证学是法医学的分支学科,其研究内容属法医学中的物证检验部分,是法医学研究的主要内容之一。主要任务是解决司法实践中的个人识别及亲子鉴定问题。

forensic hematogenetics **法医血液遗传学** 参见 forensic genetics。

forensic medicine **法医学** 法医学是应用医学、生物学及其他自然学科的理论与技术,研究并解决法律实践中有关医学问题的一门医学分支学科。

forensic medicine jurisprudence **法医法学** 法医法学是研究医学理论和技术应用须遵循的法律、法规、行业规则和技术规范的一门综合性学科。

forensic pathology **法医病理学** 法医病理学是应用医学和其他自然科学的理论与技术,研究并解决与法律有关的人身死亡原因、方式和发生发展规律及其检验鉴定的一门应用科学。

forensic psychiatry **司法精神病学** 司法精神病学,又称法医精神病学,是研究与法律相关的精神障碍和精神健康问题的医学科学,属于法医学或精神病学的一个分支学科。

forensic science **法庭科学** 又称法科学,它是随着法律的需要应运而生的,并为法律服务的医学科学与其他自然科学的总称,其应用范围包括犯罪预防、侦查、起诉、审判及民事行政诉讼等各个环节。现代意义的法庭科学概念是:应用相关的医学及自然科学的理论与技术,研究并解决刑事、行政及民事诉讼中有关技术问题的一门综合性学科。

forensic serology **法医血清学** 参见 forensic genetics。

formamide 甲酰胺 属于一种有机溶剂，它是变性剂，也是致畸和致癌物，常用于降低 DNA 双链的解链温度（T_m），在 DNA 分子杂交时，甲酰胺可用于降低杂交温度。

founder effect 奠基者效应 一个群体中某一个基因的频率很高，这个基因来源于该群体的祖先中的少数个体，这称为奠基者效应。

frameshift mutation 移码突变 在基因编码区，核苷酸插入或缺失导致三联体密码子阅读方式的改变，从而使该基因的相应编码序列发生改变，会影响细胞生长、死亡过程。

fragment 片段 参见 restriction fragment。

frequency 频数 人们时常在一批对象中清点某属性各类别出现的次数，称为频数。

frequency table 频数表 最常用的综合描述样本资料的方法之一，孕育出统计学中十分重要的关于概率分布的概念。在一批样本中，相同情形出现的次数就是该情形的频数。将相互排斥的情形的频数无遗漏地列在一起便是频数表。

FRET 荧光能量共振转移 参见 fluorescence resonance energy transfer。

Full sibling (FS) 全同胞 是指具有相同的生物学父亲和生物学母亲的多个子代个体。

Full sibling testing 全同胞关系鉴定 是指通过对人类遗传标记，如常染色体 STR 基因座的检测，根据遗传规律分析，对有争议的两名个体间是否存在全同胞关系进行鉴定，其参照关系为无关个体。

functional genomics 功能基因组学 利用结构基因组学研究所得的各种来源的信息，建立和发展各种技术和实验模型去测定基因及基因组非编码序列的生物学功能，这门学科即称为功能基因组学。参见 structural genomics。

G

G 鸟嘌呤 参见 Guanine。

gamete 配子 参见 germ cell。

gametic imprinting 配子印记 哺乳类动物中发现的一种特殊的遗传现象。亲代发生的配子专一的修饰,有时可使子代二倍体细胞中的父源和母源染色体产生功能上的差别。这个过程是可逆的:在亲代配子中出现的配子专一的修饰为初级配子印记,在子代二倍体细胞中造成父源和母源染色体功能的差别,子代染色体获得了次级体细胞印记;在子代自身的性细胞中会抹去初级和次级印记。

Gaussian distribution 高斯分布 实践中许多连续型随机变量的频率密度直方图形状是中间高、两边低、左右对称的,为便于研究相应的总体规律,人们用概率密度函数

$$f(x) = \frac{1}{\sigma \sqrt{2\pi}}\exp\left[-\frac{(x-\mu)^2}{2\sigma^2}\right]$$

来描述这类随机变量,并称这样的变量服从正态分布或高斯分布。

Gb 十亿碱基对 参见 billion base pair。

G-band, Giemsa band G 带,吉姆萨带 中期染色体经胰蛋白酶处理后,用吉姆萨染料染色后出现的条带。

G-banding G 显带 染色体显带的一种技术。用蛋白水解酶、氢氧化钠、柠檬酸盐或尿素等处理中期染色体,用吉姆萨(Giemsa)染料染色,在光学显微镜下课观察到特征性的染色深或浅的条带。

GC box GC框 真核生物结构基因上游的一种起调控作用的序列,它们共有的核苷酸序列为 GGGCGG 或 CCGCCC。这可作为鉴定基因序列的一种标记。

GD 遗传差异度 参见 genetic diversity。

GDB 基因组数据库 参见 Genome Database。

gel 凝胶 用作电泳分离核酸或蛋白质的一种惰性基质。

gelase 凝胶酶 这种酶能把低熔点琼脂糖凝胶的碳水化合物骨架消化成很小的可溶性寡糖，使凝胶变成清澈的液体，即使在冰浴中也不变稠或重新形成凝胶。用于从低熔点琼脂糖凝胶中回收 DNA 或 RNA。

gene 基因 遗传功能的单位。它是一种 DNA 序列，在有些病毒中则是一种 RNA 序列，它编码功能性蛋白质或 RNA 分子，或调控别的基因的表达。

gene amplification 基因扩增 指基因拷贝数增加。这种增加可以发生在细胞或组织内，也可以在体外（试管中）或在细胞或组织中。这种增加一般与基因组的其他基因的增加不成比例，如编码核糖体核糖核酸（rRNA）的基因在爪蟾卵母细胞成熟中的扩增，原来一组大约 500 拷贝的 rRNA 基因可以扩增大约 4 000 倍，达到 200 万个拷贝数。基因扩增在癌细胞中也发挥作用。

GenBank 基因数据库 是美国国家生物技术信息中心（National Center for Biotechnology Information，NCBI）建立的 DNA 序列数据库，从公共资源中获取序列数据，主要是科研人员直接提供或来源于大规模基因组测序计划（Benson 等，1998）。为保证数据尽可能的完全，GenBank 与 EMBL、DDBJ 建立了相互交换数据的合作关系。

gene copy 基因拷贝 编码一个基因的 DNA 序列在基因组内完整出现一次，称为该基因的一个拷贝。

gene diversity 基因多样性 指某一遗传标记在某群体中的变异程度。

gene family 基因家族 同一物种中结构与功能相似，进化起源上密切相关的一组基因。同一家族的这些基因的外显子具有相关性，可在基因组内集中或分散分布。

gene fragments 基因片段 免疫学范畴指编码 T 细胞受体，B 细胞受体和抗体的多个分隔的 DNA 片段。通过其重排而形成 T 细胞受体、B 细胞受体和抗体的多样性。遗传学范畴指失去活性的片段，缺失、部分断裂或基因重组导致这类基因丢失了 5′ 和 3′ 端的一部分。

gene pool 基因库 一个群体中所有个体的基因型汇总。对二倍体生物而言，有 N 个个体的一个群体的基因库由 $2N$ 个单倍体基因组组成。

gene silencing 基因沉默 指基因表达失活，是一种表观遗传变异。在染色体水平，基因沉寂实际上是形成异染色质（Heterochromatin）的过程，被沉寂的基因区段呈高浓缩状态。

generate oligonucleotide primer PCR (GOP-PCR) 兼并寡核苷酸引物。根据已知的氨基酸序列设计 PCR 引物来扩增编码氨基酸序列的 DNA 时,引物中包括了氨基酸的各种密码子。

genetic code **遗传密码** 这是支配 mRNA 分子中 4 种核苷酸的线性次序同由它编码的蛋白质中 20 种氨基酸的线性次序之间关系的法则。每 3 个核苷酸为一组,即一个三联体,规定一种氨基酸,称为一个密码子。遗传密码是不重叠的,即基因中 1 个核苷酸的置换突变,只改变所编码的蛋白质中的 1 个氨基酸,而不是 2 个或 3 个氨基酸。许多突变最终并不改变蛋白质中的氨基酸序列,这是因为密码是简并的,64(4^3)个密码子只规定 20 种氨基酸,所以有许多种氨基酸的密码子不止一种。

genetic diversity(GD) **遗传多样性** 是指某一遗传标记在某群体中的变异程度。从本质上讲,与杂合度意义相同,都与该基因座的法医学应用价值成正比。

genetic drift **遗传漂变** 由于某种随机因素,某一等位基因的频率在群体(尤其是在小群体)中出现世代传递的波动现象称为遗传漂变。

genetic engineering **遗传工程,基因工程** 一种通俗的术语,指利用体外重组 DNA 技术去获得含有基因或其他序列全新组合的 DNA 分子。

genetic heterogeneity **遗传异质性** 不同的基因发生突变产生相同的表型。换言之,同一种表型可以是几种不同的基因型所产生。

genetic map **遗传图** 基因座或遗传标记在一条染色体上的直线排列,根据染色体交换重组率绘成。图距单位为厘摩(cM)(=1%重组值)。

genetic marker **遗传标记** 个体的单位遗传性状作为标记用于法医物证分析时,这种遗传性状就称为遗传标记。指可示踪染色体、染色体某一节段、某个基因座在家系中传递的任何一种遗传特性。有用的遗传标记应是取材方便,按简单的孟德尔方式传递,同时又是多态的。常用的标记有血型,各种蛋白质的电泳行为和氨基酸组成,等位基因和 DNA 的多态等。遗传标记如能说明某一个体的一对等位基因中的哪一个传递给了子女中的哪一个,则这个遗传标记就是有信息的标记。在法医遗传学中选择遗传标记时,应该考察其特定性、稳定性和反映性。

genetic origin(ori) **遗传(复制)起点** 启动 DNA 复制所需的 DNA 序列。参见 origin。

genetic polymorphism **遗传多态性** 从遗传学的角度分析,遗传多态性指控制遗传标记的基因座上存在有 2 个或 2 个以上等位基因,并且等位基因的频率大于 0.01。

genetic variants isoenzymes　遗传变异体同工酶　由单基因座的基因突变产生的同工酶。这类同工酶的发生是由亲代某一基因发生突变，由突变等位基因编码的一条特异的多肽链，在不同人群中的分布尚无规律可循。

genome　基因组　细胞中所有 DNA 的总称，它包含了生物体的全套基因及其基因间的序列。人类基因组由两类不同的分子构成，即核基因组与线粒体基因组。其中核基因组分成 24 个不同的现性 DNA 分子，每个 DNA 分子包含在一个染色体中。24 条染色体中有 22 对常染色体及两条性染色体，X 和 Y。

Genome Database(GDB)　基因组数据库　基因组数据库为人类基因组计划（human genome project，HGP）保存和处理基因组图谱数据。GDB 的目标是构建关于人类基因组的百科全书，除了构建基因组图谱之外，还开发了描述序列水平的基因组内容的方法，包括序列变异和其他对功能和表型的描述。目前 GDB 中有：人类基因组区域（包括基因、克隆、amplimers PCR 标记、断点 breakpoints、细胞遗传标记 cytogenetic markers、易碎位点 fragile sites、EST 序列、综合区域 syndromic regions、contig 和重复序列）；人类基因组图谱（包括细胞遗传图谱、连接图谱、放射性杂交图谱、content contig 图谱和综合图谱等）；人类基因组内的变异（包括突变和多态性，加上等位基因频率数据）。GDB 数据库以对象模型来保存数据，提供基于 Web 的数据对象检索服务，用户可以搜索各种类型的对象，并以图形方式观看基因组图谱。

genome equivalent　基因组当量　构建基因组文库时，所有载体中的插入片段总长度与基因组的总长度相等，称为一个基因组当量。可是，因为载体中的插入片段是基因组 DNA 经部分酶切后的产物，彼此间有重叠的序列，所以要 4 个到 5 个基因组当量的 DNA 复杂性，才能使覆盖某一特定序列的概率在 95% 左右。如果将覆盖某一特定序列的概率提高到 98%～99%，则 DNA 复杂性要增加到 6 个到 10 个基因组当量。

genome informatics　基因组信息学　这个学科的研究内容包括生物基因组信息的获取、处理、贮存、分配、分析和诠释等各个方面，例如生物基因组作图和测序的数据和资料，结合数学、计算机科学和遗传学对基因组的各种图谱、DNA 序列和蛋白质序列等信息进行综合分析，以期阐明这些资料、数据所包含的生物学意义。

genome scanning　基因组扫描　在全长基因组的所有已知遗传标记中去找出与某一基因连锁的标记，这是克隆基因的一种方法。通常的做法是以基因组上已知的微卫星多态位点为标记,每一多态位点合成一对 PCR 引物,作 PCR 扩增,分析若干家系中多态标记与性状(基因)连锁的关系。

genomic 基因组的 作为形容词,常用于修饰某一特定来源的纯化 DNA。

genomic imprinting 基因组印记 同源染色体在配子发生期间经过生殖细胞的专一性加工修饰,分离进入配子后,这类修饰随同胚胎中的亲本染色体进行复制,结果使这 2 个亲本来源的等位基因有不同的活性。这是基因组印记的效应。当这个个体进入配子发生期间,原来的印记被抹去,并根据发育中的个体的性别而引入新的印记。例如,位于人第 4 号染色体短臂末端的亨廷顿舞蹈症基因是常染色体遗传,外显率几乎为 100%,但患者发病年龄差别很大,这取决于亨廷顿舞蹈症基因来自父亲还是母亲,如来自父亲则发病年龄很小,如来自母亲则发病年龄推迟,这是基因组印记效应。

genomics 基因组学 分子遗传学的一个分支。研究生物体基因和基因组结构组成,不稳定性和功能。通过比较不同物种间的 DNA 序列,检出可能具有重要功能的保守序列,研究物种之间的亲缘关系和在进化上的位置。

genotype 基因型 指个体一个或多个基因座上等位基因的组合,是生物体可见性状的实际基因组成。通过遗传学分析或分子生物学分析揭示出的一个生物体的遗传组成。每个个体的染色体组由来自父亲和母亲的同源染色体构成,所以每个基因座上的等位基因是成对存在的。对一个基因座而言,基因型是指基因座上成对等位基因的组成。

genotypic frequency 基因型频率 在一个群体中,某基因座上的基因型在全部基因型中所占的百分比,该基因座上全部基因型频率的总和应为 1。

genotyping 基因型分型 研究确定染色体上一些基因或遗传标记的单体型(haplotype)。

geometric mean 几何均数 即分别取对数后求对数值的算术均数。

germ cell 种质细胞,生殖细胞 又称配子(gamete),指生物进行有性生殖时由生殖系统所产生的成熟性细胞,包括精子和卵细胞,均为单倍体细胞。人体生殖细胞即仅有 23 条染色体,包括一套常染色体和一条性染色体。配子在生物计算中占有相当重要的地位,通过遗传图能够清楚地观察出基因的流程,及子代基因型的情况。

germ line 种系 性腺中能分化变成配子的那些细胞称为性细胞系,或生殖细胞系。例如,雌性的原始性细胞称为卵原细胞,雄性的原始性细胞是精原细胞。

giant RNA 巨型 RNA 细胞核内的一种分子质量很高的 RNA,与 DNA

很相似。在核内代表 mRNA 的前体。

giga- 十亿 前缀，10^9 数量级。例如，gigabase（10 亿碱基）即 10^9 个碱基。

Goldberg-Hogness box，Goldbrick（TATA box） TATA 框，Goldberg-Hogness 框 TATA 是真核类启动子区中都有的序列，一般认为同原核类的 Pribnow 框相类似。TATA 序列对转录是有用的，但不是必不可少的。

GOP‑PCR 兼并寡核苷酸引物 参见 generate oligonucleotide primer PCR。

GpC island GpC 岛 又称 GC 框。参见 GC box，HTF island。

Guanine（G） 鸟嘌呤 嘌呤碱的一种，主要用于参加 DNA 和 RNA 的合成。

H

hair cortex **毛皮质** 毛皮质位于毛干中层、毛小皮与毛髓质之间,由细微而长的梭形、纤维状角化上皮细胞组成。皮质细胞内是纤维束的角化物质,纤维走向与毛发长轴平行,纤维束间充满着残余的细胞成分和大小不同的色素颗粒,气泡、蛋白以及退化的核残余物质。人类毛发的皮质都很发达,是毛干的主要组成部分。人类毛皮质较宽,一般占毛干的2/3左右,色素颗粒分布较均匀。动物毛毛皮质较窄,一般占毛干的1/3～1/2,色素颗粒大小不一,分布不均匀。

hair cuticle **毛小皮** 毛小皮位于毛发的最外层,由角化的无核无色素的扁平鳞状上皮细胞组成。这些细胞相互重叠,呈鱼鳞状或叠瓦状排列,叠瓦状毛小皮细胞外侧游离缘朝向毛尖。毛小皮紧密包围着皮质,起保护作用。加上皮脂腺分泌的脂质共同防止水分的侵入。由于鳞片的大小、形状和重叠位置不同,显微镜下一般观察到7种毛小皮形态。人毛毛小皮印痕呈较细而不规则波浪花形或细锯齿状,动物毛毛小皮形状多变,小皮缘为粗齿状。毛小皮印痕可形成冠状、花瓣状、屋瓦状花纹。人的毛小皮花纹通常是细小波浪状。

hairpin loop **发夹环** 单链DNA或单链RNA中自身互补区的碱基配对形成的一种双链结构。例如,5′-CGGTAATTACCG-3′序列可形成一个完好的发夹环。

hair medulla **毛髓质** 髓质分布于毛发的中轴,由退化而形状不一的上皮细胞残留物组成。上皮细胞已萎缩、细胞核退化,常有核的残余。细胞内含有色素颗粒,对毛发的色泽无本质上的影响。细胞排列松弛,其间有气室、含有空气,细胞残渣为β-角蛋白,含硫量低,耐碱。不同的动物毛髓质形态具有一定的特征,根据其形态特征来鉴别人毛或动物毛。人毛的髓质不发达,而且髓质不连续。动物毛髓质发达,连续。

hair root **毛根** 毛根是埋在皮肤内的部分。毛根末端及其周围组织又分为毛球、毛囊、毛乳头等部分。毛球是毛根起始端膨大和球状的部分。毛球基底部分的细胞有正常的细胞质和细胞核成分,越往上部越分化、以后变为毛小皮、皮质及髓质。毛囊为一管状鞘,包裹着毛根,内层称上皮根鞘,外层为结缔组织鞘。毛根和毛囊末端膨大,底面内凹,含毛细血管和神经的结缔组织,称为毛乳头。围绕毛乳头的上皮细胞称毛母基,此处的细胞不断增生,并逐渐角化,形成毛发的角质细胞。毛母基内有散在的黑色素细胞,产生黑色素由细胞突起传递到毛发的角质细胞内。

hair shaft **毛干** 毛干是裸露于皮肤外部的部分,由角化上皮细胞组成,从毛干中心向外可分为毛髓质、毛皮质及毛小皮。

hair tip **毛尖** 毛尖是毛干的游离末端,毛干向毛尖逐渐变细而尖。

Half sibling, HS **半同胞** 半同胞是指仅有相同的生物学母亲或生物学父亲的子代个体,又分为同母异父半同胞和同父异母半同胞。

haplogroup **单倍群** 在分子进化的研究中,单倍群或单倍型类群是一组类似的单倍型,它们有一个共同的单核苷酸多态性的祖先。

haplotype **单体型,单元型,单位型** 是单倍体基因型的简称,在遗传学上是指在同一染色体上进行共同遗传的多个基因座上等位基因的组合;也就是若干个决定同一性状的紧密连锁的基因构成的基因性。按照某一指定基因座上基因重组发生的数量,单倍型甚至可以指至少两个基因座或整个染色体。

haplotyping **单体型分型** 研究确定染色体上一些基因或 DNA 分子标记的单体型,又可称为基因型分型。

Hardy-Weinberg equilibrium **哈迪-温伯格平衡** 又称哈迪-温伯格法则或遗传平衡定律,是群体遗传学中最重要的基本定律,它阐述了繁殖对群体的基因和基因型频率的影响作用。

    Hardy-Weinberg 平衡建立在一个理想的群体模式上,有四个假设前提条件:① 群体无限大;② 随机婚配;③ 没有突变;④ 没有大规模的迁移和没有选择因素的影响。结论是群体中的基因频率和基因型频率在逐代传递中保持不变。

Hardy-Weinberg law **哈迪-温伯格法则** 参见 Hardy-Weinberg equilibrium。

hemagglutination inhibition test **HAI 凝集抑制试验** 原理是分泌型唾液中的水溶性 ABH 物质能特异地与抗 A、抗 B 和抗 H 抗体结合,结合后的抗体不再能与指示红细胞发生凝集反应。故指示红细胞不凝集为阳性反应,说明唾液中含有与抗体相对应的抗原,反之,指示红细胞凝集为阴性反应,说明唾液中不含有与抗体相对应的抗原。

HET 杂合性 参见 heterozygosity。

heteroduplex 异源双链体 ① 两种不同来源的单链 DNA 分子杂交而成的 DNA 双链,是碱基没有完全互补的 DNA 双链;② DNA 与 RNA 杂交形成的双链。

heteroduplex analysis 异源双链分析 野生型和突变型的 DNA 单链结合形成异源双链,由于异源双链中有碱基错配,所以在聚丙烯酰胺凝胶中电泳时与同源双链的迁移速率有差别,并在此基础上,结合 DNA 构象改变所致。因此,可根据电泳迁移速度的差别,并在此基础上,结合 RNA 酶 A 切割、错配的化学切割等方法来检出碱基置换突变。

heteroplasmy 异质性 当两种不同的 mtDNA 序列存在于同一个细胞、组织或者个体时称之为异质性。

heterozygosity 杂合性 是一个传统的遗传学指标,指群体中某遗传标记所有基因型中杂合子所占的比例。杂合度越高,说明该遗传标记的杂合性大,在法医学个人识别中的应用价值就越大。

heterozygote 杂合子 对一个基因座而言,基因型是指基因座上成对等位基因的组成,成对的等位基因不同时,称为杂合子。

HGP 人类基因组计划 参见 human genome project。

high performance liquid chromatography, high pressure liquid chromatography (HPLC) 高效液相层析,高压液相层析 凡是以液体作为流动相的层析方法都称为液相层析。在一般液相层析中,流速受到多种限制,特别受固相载体结构的限制。固相粒度越细,分离效果越好。由于载体粒度太细,洗脱液必须用高压输液泵加压,一般压力在 $20\ kg/cm^2 \sim 200\ kg/cm^2$。在高压输液情况下,分离速度加快,分离效率提高,故称高效液相层析,又称高压液相层析。

high resolution chromosome banding 高分辨率染色体显带 以细胞有丝分裂前期、前中期和早中期的染色体作显带处理,以获得比中期染色体更多、更细的带纹,有助于更精细地研究染色体结构异常和基因定位。中期染色体显带一般是单倍体染色体组共 300 条带左右。高分辨率染色体显带可重复的稳定带纹一般在 800～1 000 条左右。

high variable regions HVR 高变区 免疫球蛋白可变区甲氨基酸变化频率极高的区域,往往构成抗原的结合部位。在线粒体中则标指 D 环区。参见 control region。

histocompatibility antigen 组织相容性抗原 代表个体特异性的同种抗原

称为移植抗原或组织相容性抗原。

histone　组蛋白　真核生物染色体中与 DNA 分子结合的一类蛋白质。组蛋白含有很多带正电荷的氨基酸如赖氨酸和精氨酸,这有助于与带负电荷的 DNA 结合。组蛋白共有 5 种,分成两类。一类是核小体组蛋白,共 4 种,即 H2A,H2B,H3 和 H4。它们是由 102 个到 135 个氨基酸残基组成的蛋白质分子,每种蛋白质各 2 个分子,形成一个八聚体,被 DNA 分子盘绕成为核小体。H3 和 H4 在进化上是高度保守的。另一类是由 220 个氨基酸残基组成的 H1 组蛋白。它有一个在进化上保守的球状核心区和两侧保守程度低的氨基端和羧基端。球状核心区与核小体的特定部位结合,氨基端和羧基端似两条"臂"分别与其相邻的核小体的核心区接触,把相邻的核小体拉拢形成有规则的重复排列结构。

histone code　组蛋白密码　有人提出染色体 DNA 的包装蛋白——组蛋白修饰如乙酰化、甲基化和磷酸化等,可使染色质在有转录活性和转录沉默两种状态之间转换,认为这是扩展了 DNA 遗传密码的信息潜能的所谓的"组蛋白密码"。

HLA　人类白细胞抗原　参见 human leukocyte antigen。

holandric inheritance　限雄遗传　又称 Y 连锁遗传(Y-linked inheritance)位于雄性个体性染色体上的基因,不遗传活雌性;或位于常染色体上的基因,只在雄性中表达的遗传现象。

homoduplex　同源双链　由相同的或从同一来源的两个分子所构成的分子。如从同一来源的两条核酸单链构成的 DNA - DNA 或 RNA - RNA 双链就是同源双链。

homologous recombination　同源重组　指发生在姐妹染色单体(sister chromatid)之间或同一染色体上含有同源序列的 DNA 分子之间或分子之内的重新组合。同源重组需要一系列的蛋白质催化,如真核生物细胞内的 Rad51、Mre11 - Rad50 等等。同源重组反应通常根据交叉分子或 holiday 结构(Holiday Juncture Structure)的形成和拆分分为三个阶段,即前联会体阶段、联会体形成和 Holiday 结构的拆分。

homozygote　纯合子　对一个等位基因而言,基因型是指基因座上成对等位基因的组成,成对的等位基因相同时,称为纯合子。

housekeeping gene　持家基因/管家基因　为维持细胞基本生命活动所需而时刻都在表正的基因。

HPLC　高效液相层析,高压液相层析　参见 high performance liquid chromatography,high pressure liquid chromatography。

human genome project(HGP)　人类基因组计划　于 20 世纪 80 年代提出的，由国际合作组织包括有美、英、日、中、德、法等国参加进行了人体基因作图，测定人体 23 对染色体由 $3×10^9$ 核苷酸组成的全部 DNA 序列，于 2000 年完成了人类基因组"工作框架图"。2001 年公布了人类基因组图谱及初步分析结果。其研究内容还包括创建计算机分析管理系统，检验相关的伦理、法律及社会问题，进而通过转录物组学和蛋白质组学等相关技术对基因表达谱、基因突变进行分析，可获得与疾病相关基因的信息。

human leukocyte antigen(HLA)　人类白细胞抗原　是人类最复杂的显性遗传多态性系统，也是迄今人类基因组中基因密度最高的区域。HLA 系统具有极其重要的功能，如抗原的加工、提呈，控制免疫应答，调节免疫细胞间相互作用，对异体移植物的排斥，肿瘤监视，参与大量自身免疫疾病的发生等。HLA 多态性的研究及分型技术的发展使其成为法医学个体识别和亲权鉴定理想的遗传标记。单独使用 HLA 系统，非父排除概率可达到 90% 左右。

human mitochondrial DNA haplogroup　人类线粒体 DNA 单倍型类群　遗传学上依据线粒体 DNA 差异而定义出来的单倍群。它可使研究者追溯母系遗传的人类起源，线粒体研究显示人类是起源于非洲地区。

HumARA locus　HumARA 基因座　HumARA 是最早应用于法医学的 X 染色体 STR 基因座，位于人类男性激素受体第一外显子的编码区内，定位于 Xcen‐q13，重复单位为 AGC。已检出 24 个等位基因，片段长度范围为 246～324 bp。

HumHPRTB locus　HumHPRTB 基因座　HumHPRTB 基因座位于人类次黄嘌呤核糖转移酶基因的第三内含子，染色体定位 Xq26.1，重复单位为 AGAT，已检出 13 个等位基因，片段长度范围为 253～303 bp。

hybridization　杂交　在复性的条件下，来源不同、但具有同源性的 DNA 单链按碱基配对原则形成双链 DNA 分子的过程称作杂交。DNA 分子杂交的实质是 DNA 复性，通过人为地控制杂交体系的温度和离子强度，可影响杂交的过程。

hypervariable region(HVR)　高度区，超变区　参见 high variable region。

hypothesis testing　假设检验　通过对假设作出取舍抉择来达到解决问题的目的，称假设检验。

H

I

IBD　继承等同　IBD 血缘一致性,又称为世代一致性或继承等同。参见 identical(identity) by descent。

IBS　状态等同　IBS 状态一致性,又称为状态等同。参见 identical(identity) by state。

identical(identity) by descent(IBD)　继承等同　血缘一致性,又称为世代一致性或继承等同,是指纯管子个体中的两个相同等位基因或两个个体间的相同等位基因是由于遗传自共同祖先所致。

identical(identity) by state(IBS)　状态等同　状态一致性,又称为状态等同,是指纯合子个体中的两个相同等位基因或两个个体间的相同等位基因,这种相同并不一定是遗传自共同祖先所致。

identity　同一性,一致性　不同 DNA 的核苷酸序列或不同蛋白质的氨基酸序列作位排列对比时,在同一位置上是相同的核苷酸或氨基酸,则为同一的或一致的。这些核苷酸或氨基酸在比对的核苷酸或氨基酸总数中的百分数,即为同一性或一致性的程度。参见 aligement,similarity。

IHW　国际主要组织相容性工作讨论会

IHWG　国际主要组织相容性工作小组

immunoglobulin(Ig)　免疫球蛋白　具有抗苷活性或化学结构上与抗体相似的球蛋白,是一类重要的免疫效应分子。由高等动物免疫系统淋巴细胞产生的蛋白质,经抗原的诱导可以转化为抗体。因结构不同可分为 IgG、IgA、IgM、IgD 和 IgE 5 种,多数为丙种球蛋白。由两条相同的轻链和两条相同的重链所组成,在体内以两种形式存在:可溶性免疫球蛋白存在于体液中,具抗体活性,参与体液免疫;膜型免疫球蛋白是 B 细胞抗原受体。

imprinted gene　印记基因　在性系细胞中打上印记的基因,表明该基因是父源的还是母源的,在发育胚胎中不同亲源的印记基因有不同的表达。

imprinting off 印记失活 已打上印记的基因处于失活状态。如父源印记等位基因失活,则母源等位基因得到表达,反之亦然。

independence 独立 如果一种属性的概率分布与另一种属性的概率分布无关,则称这两种属性相互独立。

independent variable 自变量 也称解释变量,可随机变动亦可人为取值。

infinite population 无限总体 总体中个体的数目无限者,称无限总体。

in-frame mutation 整码突变 基因发生缺失、插入、重复突变时,增加或减少的核苷酸数目是 3 的倍数,突变不改变突变位点下游的原来的三联密码子码组。

initiation coden, initiator(＝start codon) 起始密码子 规定多肽链的第一个氨基酸的密码子。细菌的起始密码子或是 AUG,它编码 n-甲酰基甲硫氨酸(一种修饰的氨基酸);或是较罕见的 GUG(缬氨酸)。真核生物的起始密码子总是 AUG,并编码甲硫氨酸。这个名词也用来表示 DNA 中的相应序列 ATG。

International Histocompatibility Working Group(IHWG) 国际主要组织相容性工作小组

International Histocompatibility Workshop(IHW) 国际主要组织相容性工作讨论会

International Society of Blood Transfusion(ISBT) 国际输血协会

International Society of Forensic Genetic(ISFG) 国际法庭遗传学会

intron, intervening sequence 内含子 内含子是阻断基因线性表达的序列,是真核生物细胞 DNA 中的间插序列。这些序列被转录在前体 RNA 中,经过剪接被去除,最终不存在于成熟 RNA 分子中。内含子和外显子的交替排列构成了割裂基因(split gene)。在前体 RNA 中的内含子常被称作"间插序列"。

inverse PCR 反相多聚酶链式反应,反相 PCR 用于扩增已知序列的 DNA 的旁侧未知序列的实验方法。

inversion 倒位 一条染色体上同时出现 2 处断裂,中间的染色体片段倒转 180° 后重新连接起来。这样,这个中间片段上的基因排列次序(DNA 序列)就前后颠倒了。

inverted repeat 反向重复序列 两个序列相同的拷贝在 DNA 链上呈反向排列。有两种形式,一种形式是反向排列的两拷贝间隔着一段序列;另一种形式是两个拷贝的中间没有间隔序列,呈回文式序列(palindrome sequences)。在人类基因组中反向重复序列大约占 5%,散布在整个基因组中,常见于基因的调控区内,可能与基因的转录、复制有关。

in vitro **体外,离体** 相对于 *in vivo* 而言,指在离体培养的细胞内进行实验研究。

in vivo **体内,活体** 相对于离体或体外(*in vitro*)而言,指在细胞内或机体内进行试验研究。

intervening sequence(IVS) **间隔序列** 参见 intron。

ISBT **国际输血协会**

ISFG **国际法庭遗传学会**

isoenzyme **同工酶** 具有相同的生物化学功能,催化同一种生物化学反应,但蛋白质的分子结构不同的一类酶。同工酶各蛋白质结构上的差异在酶的非催化部位。同工酶分类的编号由 4 个数字组成,分别表示酶的大类、亚类、亚亚类和顺序号。酶的大类一般按酶促反应的类型区分并编号为:氧化还原酶、转移酶、水解酶、裂解酶、异构酶和连接酶,编号分别为 1、2、3、4、5 和 6。

J

"junk" DNA　"废物"DNA,"无用"DNA　基因组中不表达的功能不明的DNA,曾被称为"废物"DNA。但已有证据表明这些曾被认为"无用"的DNA是有其生物学功能的。

K

karyotpye 核型 又称染色体组型,细胞分裂中期染色体的数目、大小和形态特征的总汇。

karyogram 核型图 将细胞中期成对染色体的大小、形状等形态特征依次排列,反映染色体组成特征的图像。

kb 千碱基对 参见 kilobasepair。

kilobasepair(kb) 千碱基对 DNA 双链分子的 1 000 个碱基。一种方便的 DNA 长度的量度。

kinetochore 动粒 参见 centromere dot。

Klenow fragment Klenow 片段 *E. coli* DNA 聚合酶 I 经胰蛋白酶或枯草杆菌蛋白酶部分水解生成的 C 末端 605 个氨基酸残基片段。该片段保留了 DNA 聚合酶 I 的 $5'-3'$ 聚合酶和 $3'-5'$ 外切酶活性,但缺少完整酶的 $5'-3'$ 外切酶活性。它可用于填补 DNA 单链末端成为双链。当用交错切割的限制酶切成带有单链黏性末端的 DNA 片段,要用被切成平头末端的 DNA 片段连接时,可以先用 Klenow 片段使黏性末端的单链补齐成为平头,然后在 DNA 连接酶作用下把两个 DNA 片段连接起来。

L

ladder　等位基因分型参照物　包含 STR 复合扩展检测的每个 STR 基因座的全部已知等位基因。Ladder 中,每个等位基因的荧光标记种类与未知样品扩增产物的标记种类相同。在获得 ladder 命名的基础上,再将样品数据中各种颜色及每种颜色中各片段峰对应到 ladder 相应颜色和片段范围,比对样品片段峰大小是否与 ladder 中等位基因相同。

lagging strand　后随链　又称滞后链。与复制叉移动的方向相反,通过不连续的 $5'-3'$ 聚合合成的新的 DNA 链。

laser capture microdissection(LCM)　激光捕获显微切割　利用激光在显微镜下从组织切片中俘获并切割单一类型细胞群或单个细胞的技术。过程如下:首先在组织切片上覆盖一层透明的膜,在显微镜下观察该组织切片,选择某一特殊细胞后,开启脉冲式红外激光束,使膜融化变得黏性很强,等到冷却后该位置的细胞就被固定地黏附在膜上从而分离细胞。用 LCM 技术可以收集有限的检材,排除干扰物质。

law of independent assortment　自由组合定律,独立分配定律　指基因的传递过程中,不同基因座上的非等位基因在形成配子的过程中,自由组合,随机配对,机会均等,形成子代的基因型。该定律揭示了两个及两个以上基因座上的基因遗传规律。自由组合律归纳了不同基因座上等位基因的组合传递规律,先决条件是各基因座之间没有遗传连锁关系。该定律是计算遗传标记累积鉴别概率的理论基础,是个人识别统计学中乘积定律的计算基础。个体识别鉴定或亲权鉴定,应选择符合自由组合律的遗传标记,通常这些标记位于不同染色体上,或是在同一染色体上相距较远的位置。并且通过群体调查证实没有遗传连锁关系,可独立遗传。多个遗传标记累积鉴别概率的计算只有使用独立遗传的表型频率或基因频率,乘法原则才有效。

law of segregation　分离定律　指体细胞核中的基因以成对的形式出现并决定着生物体的遗传性状,在生殖细胞通过减数分裂形成配子时,成对的等位基因彼此分离,分别进入不同配子。每个配子中就只含有亲代一对基因中的一个,完成不同遗传性状的独立传递。

LCM　激光捕获显微切割　参见 laser capture microdissection。

LDL　低密度脂蛋白　参见 low density lipoprotein。

leader sequence　前导序列　mRNA 5′端的核苷酸片段,位于翻译起始密码子 AUG 之前。在真核生物中前导序列通常是不翻译的。

leading strand　前导链　与复制叉移动的方向一致,通过连续的 5′-3′聚合合成的新的 DNA 链。

length mutation　长度突变　包括缺失、重复、插入或染色体的其他变化以及影响序列片段长短的核苷酸序列变化。

library, gene library　文库,分子库;基因分子库,基因文库　参见 genomic library,bank。

ligase　连接酶　这种酶在相邻核苷酸的游离 5′-磷酸基团和 3′-羟基之间形成磷酸二酯键,从而封闭 DNA 分子中的裂口。T4 噬菌体编码的连接酶常用于基因克隆实验,它需要 ATP 作为辅助因子。T4 连接酶用来在体外连接载体和插入 DNA。

ligase detection reaction(LDR)　连接酶检测反应　利用耐热 DNA 连接酶检测基因中单个核苷酸置换的实验技术。参见 ligase chain reaction。

ligation　连接　通过磷酸二酯键把 2 个线状核酸分子连在一起的过程。在克隆实验中,常用 T4 DNA 连接酶将 DNA 片段与线性载体分子相连接。

likelihood(LR)　似然率　在个体识别的同一性鉴定中,法医统计学用来评估遗传分析提供的证据强度。似然率基于两个假设。例如,现场血痕 DNA 和嫌疑人血液 DNA 表型组合均为 E,可以考虑两种假设:① 现场血痕是嫌疑人所留(原告假设);② 现场血痕是一个与案件无关的随机个体所留(被告假设)。似然率是假设①条件下现场血痕与嫌疑人的表型组合都是 E 的概率与假设②条件下现场血痕与嫌疑人的表型组合都是 E 的概率之比。

LINE　长散布元件　参见 long interspersed element。

lineage　谱系　从一个个体或一种类型的细胞,相继繁衍产生后裔的连续过程,形成了谱系。

linear　线状,线性　用来描述一个核酸分子的物理状态的术语。双链 DNA 线状分子末端的 2 条链可以是游离的,限制片段就是如此,它们可以像有些真核生物病毒那样同专一的蛋白质结合，或像有些真核生物的额外染色体一样通过一个发夹环而闭合。真核生物的染色体是线状的，它们的末端即端粒有特定的序列，可促进它们的复制。

linear correlation　　线性相关　如果两个连续型变量 X 和 Y 都随机变动且不分主次，可通过线性相关分析来刻划它们之间可能存在的线性联系的方向与程度。

linear regression　　线性回归　分析两个连续型变量在数值上线性依存关系的统计方法称为线性回归或称简单回归。

linear regression equation　　线性回归方程　描述因变量的总体均数依赖于自变量的数值变化。

linear trend　　线性趋势　自变量与因变量间关系有线性趋势。

line blot　　线条状印迹　探针 DNA 固定在固相载体上时，线条状的称为线条状印迹。

linkage　　连锁　在同一条染色体上的基因往往是一起遗传的，这称为基因间的连锁。连锁在一起的基因称为一个连锁群。在细胞分裂期间，染色体间发生交换重组，连锁的基因也可分离。交换的概率大，即交换重组值高，表明基因之间连锁不紧密，也就是基因之间相隔的距离远。反之，交换重组值低的基因之间连锁紧密，彼此间距离很近。

linkage analysis　　连锁分析　以家系为基础研究单基因遗传性状的基因定位克隆的一种方法。运用基因组扫描技术以微卫星 DNA 多态为标记，对家系各成员的 DNA 进行基因型分型，确定某一标记与性状之间的连锁关系。这种方法在分析时要指明性状的遗传方式如显性、隐性或伴性等，该性状基因的频率和外显率等参数，所以又称为参数法。

linkage disequilibrium　　连锁不平衡　某一个体的不同基因座上的 2 个等位基因一起出现的概率还大于随机出现的预期概率，称为连锁不平衡，也称为群体等位基因关联。基因座 A 的某一特定等位基因与基因座 B 的某一特定等位基因共同出现在一个个体上的频率，大于这 2 个等位基因的频率的乘积，就认为这 2 个等位基因存在连锁不平衡。在遗传过程中，如果不同基因座上的等位基因没有按照孟德尔自由组合定律的随机原则组合时，这些基因座的遗传则处于一种连锁不平衡状态，即各基因座的基因并非完全随机组成单倍型，有些单倍型观察频率高于期望频率或低于期望频率。

　　某一致病突变与一些遗传标记呈连锁关系，但在遗传重组的作用下，经过若干代后，该突变只同其紧邻的一个或几个遗传标记仍呈连锁关系，这是连锁比平衡现象。在经过几个世代后，染色体中保持不平衡连锁关系的只占$(1-r)^n$，r是重组概率。当r足够小时，不平衡的连锁还可持续许多代。在定位克隆基因的工作后期，那时遗传标记越来越接近靶基因，此时常看到连锁不平衡。在这种情况下，连锁不平衡有助于确定正在研究的染色体区段内是否存在靶基因。连锁不平衡对遗传病的遗传咨询也起作用。

linkage equilibrium　连锁平衡　一般来说，位于不同染色体的基因座，或者位于同一染色体但相距较远的基因座之间常常是按照随机原则进行组合的，呈不连锁遗传。这种基因座间没有相关性的状态称之为连锁平衡。各个遗传标记处于连锁平衡状态，表明各遗传标记之间相对独立，在分析系统的累积概率时就可以运用乘积定律。在法医遗传标记数据分析处理中，基因座的独立性分析十分重要，否则会导致过高或过低的估计证据的鉴定能力。

linkage map　连锁图　标明基因在染色体上相对位置的图。图距单位为厘摩(cM)。2个基因间1%交换值$=1\text{cM}$。

locus　基因座　基因在染色体上的一个特定位置被称为基因座。一个基因座可以是一个基因，一个基因的一部分，或具有某种调控作用的DNA序列。例如ABO血型的基因座位于第9号染色体上。

log odds score　对数优势记分　Lods法即对数优势记分法，属于一种序贯试验法。这是基于遗传模式的连锁分析方法，分析之前应已知要研究性状的遗传模式、性状控制位点的等位基因数目及每种基因型的外显率。

Loffler method　亚甲蓝染色法　精子检出中单染法的一种。亚甲蓝0.3 g，加95%乙醇30 ml，$0.01\text{ mol/L KOH } 70\text{ ml}$，配制成亚甲蓝染色液。于涂片上滴加$1\sim2$滴染色液，染色1分钟，水洗，二甲苯透明，盖玻片镜检。精子头后部染呈深蓝色，头前部、尾部不着色或浅染。

LOH　杂合性丢失　参见loss of heterozygosity。

LOI　印记丢失，印迹丢失　参见loss of imprinting。

long interspersed element(LINE)　长散在核元件　以散在方式分布在基因组中的较长的重复序列。这种重复序列的单元长度在$1\,000\text{ bp}$以上。

loss of heterozygosity(LOH)　杂合性丢失　染色体某一基因座上出现微小缺失(或突变)，使同源染色体相同位置上的基因呈杂合性，当同源染色体的该位置上也发生同样的微小缺失(或突变)时，则为杂合性丢失。这种情况下往往会导致细胞病变。LOH也常用于定位克隆基因。

loss of imprinting(LOI)　印记丢失，印迹丢失　基因组印记(印迹)的丢失。通常是由于基因组甲基化型式的改变而使基因表达活性发生变化。例如，基因启动子的 CpG 区内甲基化丢失,导致基因的过量表达。这是一种表观遗传变异。

low copy number **低拷贝数模板** 一般把基因组含量小于 100 pg 的样本成为低拷贝 DNA。检测低拷贝 DNA 样本时,应采取更严格的防污染措施,尽量选择产率高的 DNA 提取方法,提取体积尽量减小以提高 DNA 相对浓度。

low density lipoprotein（LDL） **低密度脂蛋白** 一种密度较低（$1.019\sim$ 1.063 g/cm^3）的血浆脂蛋白,约含 25%蛋白质与 49%胆固醇及胆固醇酯。颗粒直径为 $18\sim25$ nm,分子质量为 3×10^6 Da。主要功能是把胆固醇运输到全身各处细胞,运输到肝脏合成胆酸。其浓度升高与动脉粥样硬化的发病率增加有关。电泳时其区带与 β 球蛋白共迁移。

LR **似然率** 参见 likelihood。

Lugol's iodine assay **嗜碘试验** 斑痕沉淀物涂片,干燥后,加 $1\sim2$ 滴 lugol's 碘液,或将玻片翻转盖在盛有 lugol's 碘液的小皿上,$2\sim3$ min 后镜检。阴道上皮细胞呈红褐色或深黄褐色,口腔上皮细胞不着色。

Luminol **鲁米诺** 又名发光氨。常温下是一种黄色晶体或者米黄色粉末,是一种比较稳定的人工合成的有机化合物。由于血红蛋白含有铁,而铁能催化过氧化氢的分解,让过氧化氢变成水和单氧,单氧再氧化鲁米诺使它发光。所以鲁米诺主要用于现代刑事侦查中的血液检测。

L

M

macrosatellite DNA　大卫星 DNA　也称为经典卫星 DNA,是指最初在 CsCl 密度梯度离心中发现的卫星 DNA。根据浮力密度不同,分为Ⅰ、Ⅱ、Ⅲ、Ⅳ和 α、β 卫星 DNA,各类型都由不同的重复序列家族组成。其功能目前不大清楚。

major histocompatibility complex(MHC)　主要组织相容性复合体　机体内与排斥有关的抗原系统多达 20 个以上。其中,能引起强而迅速排斥反应的抗原称主要组织相容性抗原。编码这些抗原的基因位于同一染色体片段上,形成一组紧密连锁的基因群,称为主要组织相容性复合体。脊椎动物编码细胞表面蛋白质的基因复合体,这些表面蛋白质可结合外来蛋白质的肽链,并提呈给 T 细胞以诱发免疫反应,在移植物的排斥反应中起主要作用。人类的 MHC 称为 HLA 系统,小鼠的 MHC 称为 H-2 系统。

　　人的 MHC 位于第 6 号染色体短臂,跨度约为 3 500 kb,相当于大肠杆菌基因组的全长。MHC 编码的蛋白质有 3 个明显特性:① 大多数是 T 细胞介导的移植反应的靶抗原;② 大部分 T 细胞可对外来的单个 MHC 抗原作出反应;③ 编码 MHC 分子的许多个基因座都有很多个复等位基因,有的多达 100 多个,每一等位基因在群体中的频率也很高。由于每个人有 5 个或更多个编码 MHC 分子的基因座,所以 2 个个体的 MHC 蛋白质分子完全相同的概率极低。因此在人体器官移植时,除非是基因型相同的孪生子外,否则受体和供体是极难完全匹配的,MHC 分子分 2 大类,整体结构十分相似,都是跨膜异源二聚体,在细胞外的氨基端域与抗原结合,提呈给 T 细胞。

malachite green test　孔雀绿试验　孔雀绿试验的原理是新生态氧将无色孔雀绿氧化成孔雀绿。其灵敏度与酚酞试验相似。操作方法相同。

map　制图,作图,图　① 作为动词,即确定 DNA 分子上基因或其他遗传标记的相对位置。遗传图绘制是通过确定基因间或遗传标记间的连锁关系和重组频率来完成的；如 2 个标记是位于不同的染色体上，即不是连锁的，则它们的重组频率最高不超过 50%。常用限制酶酶切位点分析和分子杂交等方法把遗传标记直接定位在染色体上，以物理长度(核苷酸数目)确定标记之间的距离，绘制成物理图。② 作为名词，表示基因或其他遗传标记线性排列的图谱。

mapping　作图　确定界标或基因在染色体上的位置以及彼此间的距离，绘制遗传连锁图或物理图。

marker　标记　遗传标记指可以示踪染色体、染色体某一区段或某个基因座遗传传递轨迹的任何一种遗传特性。有用的标记应该是取材方便，按孟德尔方式遗传同时又是多态的。常用的遗传标记有血型、各种蛋白质的电泳行为和氨基酸组成，等位基因和 DNA 序列的多态等。

match　匹配　在个体识别鉴定中，如果经过检测，两份生物检材的遗传标记表型一致，则称为匹配。有两种可能性：来自同一个体，或者是两个无关个体因为偶然的机会表型相同。

match probability(Pm)　匹配概率　两份检材因偶然而表型匹配的机会称为匹配概率，Pm 值等于该表型在群体中的频率。Pm 值是法医个体识别鉴定结论的一个重要的量化指标，根据 Hardy-Weinberg 平衡理论，按基因频率和基因型频率之间的数量关系可以计算出 Pm 值。

maternal effect　母体效应　由母方基因控制，但在子代中表达的性状。

maternal inheritance　母体遗传　由染色体外(即细胞质)遗传因子控制的通过卵传递的遗传方式。

Matrix-Assisted Laser Desorption/ Ionization Time of Flight Mass Spectrometry (MALDI‐TOF‐MS)　基质辅助激光解吸电离飞行时间质谱　近年来发展起来的一种新型的软电离生物质谱。仪器主要由两部分组成：基质辅助激光解吸电离离子源(MALDI)和飞行时间质量分析器(TOF)。MALDI 的原理是用激光照射样品与基质形成的共结晶薄膜，基质从激光中吸收能量传递给生物分子，而电离过程中将质子转移到生物分子或从生物分子得到质子，而使生物分子电离的过程。因此它是一种软电离技术，适用于混合物及生物大分子的测定。TOF 的原理是离子在电场作用下加速飞过飞行管道，根据到达检测器的飞行时间不同而被检测即测定离子的质荷比(M/Z)与离子的飞行时间成正比，检测离子。MALDI‐TOF‐MS 具有灵敏度高、准确度高及分辨率高等特点，为生命科学等领域提供了一种强有力的分析测试手段，并正扮演着越来越重要的作用。

M

matrix-attachment region(MAR)　基质缔合区,基质附着区　真核基因组中一段 AT 富集区,作为核基质的附着点属于非编码序列。

Maxam-Gilbert method　化学测序法　这种 DNA 测序法是利用化学反应部分切割 DNA 片段。这个片段的一个末端用^{32}P 标记,然后分成 4 份。每份用只对一种核苷酸是专一的化学反应使之部分降解。当这些样品用聚丙烯酰胺凝胶电泳分开后,就形成一套长度依次减短的片段,这些片段的一端总是标记了^{32}P,另一端则是化学反应专一的某一种核苷酸。这些标记的片段可由放射自显影检测,从 X 射线片上的带型可直接读出 DNA 序列。

mDNA　信使 DNA　凡能与信使 RNA(mRNA)杂交的 DNA 序列,称 mDNA。

mean　均数　参见 average。

measurement data　计量资料　参见 numerical variable data。

measurement error　测量误差　相同条件下对同一生物体进行重复测定时测量结果与"真值"的差异及几个重复测定值之间的差异。

median　中位数　当样本值的频数图中间高、两头低、对称性很差时,不论正偏峰还是负偏峰都可采用中位数来度量平均水平,记为 Md。

mega-　百万　前缀,表示 10^6 数量级。例如 megabase(百万碱基) = 10^6 个碱基。

Megadalton(Md)　百万道尔顿　10^6 道尔顿的分子质量。这是一种方便的缩写,用于表达 DNA 或蛋白质分子的分子质量。参见 dalton。

melting temperature(Tm)　解链温度　双链 DNA 或 RNA 分子变性成单链的温度即一半 DNA 分子变性时的温度。每种 DNA 各有自己的 Tm,是 DNA 分子碱基组成的一种指征。这是因为富含 GC 碱基对的 DNA 比富含 AT 碱基对的 DNA 对于热变性有更大的抗性,原因是 G 和 C 之间形成 3 个氢键,而在 A 和 T 之间只形成 2 个氢键。

messenger RNA(mRNA)　信使 RNA　这是蛋白质编码基因的 RNA 转录物。编码在 mRNA 分子中的信息,在核糖体上翻译成有特定氨基酸序列的多肽。在真核生物中,mRNA 从细胞核中的基因那里将遗传信息转移给细胞质中的核糖体。

methylase　甲基化酶　这是一种 DNA 修饰酶,可将甲基(CH_3-)基团共价连接在 DNA 分子的特定碱基上。

methylation　甲基化　加上甲基(CH_3-)基团的碱基修饰过程。限制酶作用位点中某些特定核苷酸的甲基化,可以保护 DNA 不受这种限制酶的作

M

用。人类基因组 DNA 可以被甲基化修饰,甲基化修饰限于 CG 序列中的胞嘧啶。由甲基转移酶(methyltransferases)催化完成,在 DNA 复制后,甲基转移酶根据亲本 DNA 链的甲基化位置,在子代相应位置完成甲基化修饰。因此,亲本的不同位置的甲基化状态可以忠实地反映到子代。

methyltransferase　甲基转移酶　一种催化将甲基从一种化合物转移给另一种化合物的酶。DNA、RNA、蛋白质、氨基酸等均可作为甲基的受体。

micro-　微　10^{-6} 数量级。例如,1 微克(microgram) = 10^{-6} 克(gram)。

microarray　微阵列　核酸序列纵横排列成序地点样在尼龙膜上或其他介质(如玻片、硅片)上,按其点样的密度可分低密度微列阵和高密度微列阵,用于核酸分子杂交分析。

microbial genetics　微生物遗传学　以微生物为研究对象的遗传学分支学科。

microdissection　显微切割术　用显微操纵器切割染色体的某一特定区带或某条染色体,然后进行微克隆操作,把位于该区带或该条染色体上的 DNA 制备成 DNA 分子库,供进一步研究之用。

micro RNA　微 RNA　非编码 RNA 中长度在 21～25 nt 的一个 RNA 大家族,调控线虫、果蝇和哺乳动物的发育。

microsatellite DNA　微卫星 DNA　又称数量可变的短串联重复序列。微卫星 DNA 的重复单位简单,长度仅 2 bp～6 bp,重复次数 10～60 次,总长度多在 300 bp 以下。其中二核苷酸重复单位$(AC)_n$ 和$(TG)_n$ 的微卫星,在基因组中极为常见,例如$(AC)_n$ 重复在基因组中约占 0.5%。微卫星 DNA 主要分布在内含子,间隔 DNA 中,少数在编码区。编码区内的微卫星多是 3 bp 重复单位,这与它的编码功能有关,例如人雄性激素基因内的微卫星$(AGC)_n$。

microsatellite instability(MIN)　微卫星不稳定性　微卫星 DNA 是散布在基因组内的一种重复序列,不同个体间有明显的差别,但在遗传上却是高度保守的。现在一些肿瘤细胞或癌前病变细胞中发现微卫星 DNA 的重复序列的拷贝数有变化,称之为微卫星不稳定性。肿瘤组织的 STR 分型存在微卫星不稳定。

million base pair(Mb)　百万碱基对　DNA 双链分子中的 1 百万个碱基对,作为 DNA 长度的量度。

minigene　小基因　由一个克隆载体携带着某一基因的若干个外显子。

minimal haplotype　最小单倍型　DYS19、DYS385 a/b、DYS389 Ⅰ、DYS389 Ⅱ、DYS390、DYS391、DYS392、DYS393 等 9 个核心基因座被用

于构建"最小单倍型"。最小单倍型 Y - STR 基因座的确定和应用为 Y - STR 单倍型数据库的建立奠定了基础。

minisatellite DNA　小卫星 DNA　又称数量可变的串联重复序列。是一类由 15～30 bp 长度重复单位组成的卫星 DNA,序列总长度 100 bp～20 kb。小卫星 DNA 在基因组中广泛分布,多位于染色体的近端粒处。小卫星 DNA 的特征是高度变异性,重复单位的重复次数变化极大,构成极其复杂的 DNA 片段长度多态性。

minisatallite region　小卫星区　指由重复序列串联形成的 DNA 区段。每个小卫星区中重复序列的拷贝数并不相同。

minisatellite DNA variant repeat(MVR)　变异核心序列小卫星 DNA 或小卫星变异重复单位多态性　MVR 序列称为具有变异核心序列的小卫星 DNA,是一类既有长度多态性又有序列差异的 DNA 重复序列。小卫星 VNTR 重复单位的序列并非一成不变,同基因座有部分重复单位内出现碱基的替换突变,形成重复单位变异。这类突变碱基呈随机性,且突变后的碱基序列可以遗传给子代,成为 VNTR 序列又一层次的遗传标记系统。Jeffreys 等建立了检测这类遗传标记的 PCR 方法,并称之为小卫星变异重复单位多态性。

minor groove binder(MGB)　槽沟结合物　MGB 是人工合成的抗肿瘤维生素 CC - 1065 的一个亚单位的非反应性衍生物,为 CDPI 的三聚体($CDPI_3$),对富含 A - T 的 DNA 双螺旋表面的槽沟具有极高的亲和力,因此可在不增加探针长度的基础上显著提高探针的溶解温度(Tm)。

mismatch repair(MMR)　错配修复　一种纠正 DNA 复制过程中错配碱基的机制。核酸外切酶识别不能形成氢键的错配碱基,并切除一段多核苷酸,缺口由 DNA 聚合酶Ⅰ修补及 DNA 连接酶封口。MMR 的过程需要区分母链和子链,做到只切除子链上错误的核苷酸,而不会切除母链上本来就正常的核苷酸。修复的过程是:识别出正确的链,切除掉不正确的部分,然后通过 DNA 聚合酶和 DNA 连接酶的作用,合成正确配对的双链 DNA。

missing persons DNA database　失踪人员 DNA 数据库　也称作亲属样本信息库,主要存储已失踪人员(包括被拐卖儿童和无名尸体)的父母或配偶和子女、或其他与失踪人员有血缘关系的 DNA 分型数据及相关信息的 DNA 数据库。

mitochondrial DNA(mtDNA)　线粒体 DNA　mtDNA 是母系遗传规律的典型例子,是唯一的核外基因组 DNA,携带有编码蛋白质和 RNA 的基因,是人类基因组的一部分。mtDNA遗传主要是通过卵细胞将其中的遗传信息传给下一代,使得子代中线粒体DNA序列和母亲的一致。它不遵循孟德尔遗传规律,具有以下特点:无有丝分裂和减数分裂的周期变化;遗传物质位于细胞器内,不受核移植的影响;杂交或者正反交后,子代只表现母亲的特征。在法医遗传学中,mtDNA遗传标记仅源于母亲,在缺乏父亲的亲子鉴定、隔代祖母/孙或同母的兄弟姐妹间亲缘关系鉴定中有特殊价值。

mixed stain　混合斑　法医物证学的混合斑指两名或两名以上个体的体液、分泌液混合形成的斑痕。

mixture　混合斑　参见 mixed stain。

MNSs blood type　MNSs血型　是第二个被发现的红细胞血型系统。根据凝集反应将MN血型分为三种类型:M、N、MN。家系调查证明,每一个M或N都同S或s有密切的联系,二者如同结合成一个基因进行分离和遗传。

model of double-strand breaks recombination　双链断裂重组模型　该模型认为:一条染色体的两条链都发生了断裂,断裂是由内切酶水解磷酸二酯键的结果。DNA断裂之后由核酸外切酶扩大缺口。接着是断裂链的游离3′端插入到具有完整双链的同源染色体中,形成D-环结构。在DNA聚合酶的作用下,断裂两条链分别以完整链为模板开始合成。解离酶交割Holliday交叉点,释放双链留下的缺口由DNA连接酶缝合。

modification　修饰作用　DNA分子合成后的任何一种化学变化。甲基化和糖基化是常见的修饰作用,即将甲基团和葡萄糖基团共价结合在DNA分子上。宿主控制的限制作用和修饰作用(HCRM)使宿主的DNA不受自身的限制酶的攻击。

modular structure　模块结构　不同类型的核心序列在串联重复时,互相穿插的位置和次数不同,组成不同个体的不同模块结构。

molecular beacon　分子信标　通过分子杂交以检测核酸互补序列的一种实验方法。杂交用的探针是茎环样结构的寡核苷酸,环状部分是与靶序列互补的寡核苷酸,茎状部分则是由3~6对互补的G-C核苷酸,5′端连接荧光分子(F),3′端连接荧光淬灭分子(Q)。在分子杂交时,如探针的环状序列同靶序列互补,则形成线性分子,F与Q分开,可检测出F的荧光。如果环状序列与靶序列不能杂交,则探针仍保持茎状结构,F与Q在一起,不能检出F的荧光。

molecular phylogenetic tree　分子种系(系统)发生树　运用DNA或蛋白质等分子数据建构的种系(系统)发生树,可用以推断不同类群在种系(系统)

发生中的相互关系。构建分子种系(系统)发生树的主要方法有:简约法(parsimory method),相容法(compatibility method),距离矩阵法(distance matrix method)和最大似然法(maximum likehood method)等。

Mongoloid 蒙古人种 也称黄色人种,或亚美人种,主要分布于东亚、东南亚、中亚细亚,西伯利亚和美洲等地。根据蒙古人种的体质特征差异,蒙古人种可进一步分为 5 个亚种,分别为 1. 北亚人种;2. 南亚人种;3. 东亚人种;4. 东北亚人种;5. 美洲人种。

monoclonal antibody 单克隆抗体 只含一种抗体分子的抗体制剂。单克隆抗体是由骨髓瘤细胞天然产生的。骨髓瘤是免疫系统的一种肿瘤。将抗原注入大鼠体内使生成只针对这种抗原的抗体。取出大鼠的脾脏细胞(淋巴细胞)同骨髓瘤细胞融合生成杂交瘤,在杂交瘤细胞迅速增生的同时,也不断地产生抗体。经筛选,可制备出只产生一种抗体的细胞克隆。

morgan unit 摩尔根单位 染色体图上基因之间距离的单位。1 个摩尔根单位(M)代表 100% 交换值;1 个分摩(尔根)单位(dM)代表 10% 交换值;1 个厘摩(尔根)单位(cM)代表 1% 交换值,亦即图距单位。据计算,人的遗传连锁图上 1 个厘摩(尔根)单位的物理长度大体相当于 10^6 核苷酸对,即 1 cM≈1 000 kbp。

motif 基序 重复单位碱基的组成形式称为基序。理论上分析,STR 重复单位的基序有 4^n 种,二、三、四和五核苷酸重复单位碱基组成形式应分别有 16、64、256、1 024 和 4 096 种。在反式作用因子的结构中,基序一般指构成任何一种特征序列的基本结构(既指具此功能的基本结构,也指编码此结构的蛋白质/DNA 序列),作为结构域中的亚单元,其功能是体现结构域的多种生物学作用。

mRNA 信使 RNA 参见 messenger RNA。

mRNA interfering complementary RNA(micRNA) 信使 RNA 的干扰互补 RNA 又称反义 RNA。与 mRNA 核苷酸序列互补的 RNA,可与 mRNA 互补结合而阻碍 mRNA 翻译产生蛋白质。

M13 一种噬菌体 它感染含致育因子 F 的大肠杆菌细胞。M13 并不裂解宿主细胞,二十连续不断地释放进培养基中。噬菌体使细胞生长减慢,足以使受感染的细胞形成噬菌斑。这种病毒的核酸是单链环状 DNA。细胞内复制型(RF)DNA 是双链环状,可像质粒一样地加以分离。现已构建出几种 M13 的衍生物,成为一个克隆和序列测定系统。这些衍生物定名为 mp2~mp19,全都含有大肠杆菌 lac(乳糖)操纵子的一部分,以及用于克隆外源 DNA 的一些单一限制位点。lac 操纵子部分使插入片段的存在有一

M

个可以看见的指标,因为被克隆的插入片段阻断了 β-半乳糖苷酶基因的 α-肽部分,当培养基中有指示剂 X–gal 时,就会使噬菌斑的颜色呈白色;没有插入片段的噬菌斑则为蓝色,这是因为 lac Z 同 X–gal 反应产生了蓝色物质。从噬菌体中分离出大量单链 DNA,可为 Sanger 法提供纯化的 DNA 测序模板。

multicollinearity 共线性 涉及多重回归问题,还要考虑各自变量之间的关系。当自变量均为随机变量时,若它们之间高度相关,则称自变量间存在共线性。

multi copy 多拷贝 这是一个形容词,用来描述一些质粒,它们按每个宿主基因组计算可以复制产生许多个质粒分子,例如 pBR322 是一种多拷贝质粒,每个大肠杆菌基因组常有 50 个 pBR322 分子(或拷贝)。

multigene family 多基因家族 指一组具有功能相似,碱基序列相同或部分同源的基因。按照基因表达的产物,多基因家族可以分成两类:一类是编码 RNA 的,另一类是编码蛋白质的。基因家族成员可以位于同一条染色体上,也可分布在不同染色体的不同位置上。多基因家族形式能够满足合成大量特定 RNA 或蛋白质的需要。

multi-locus probe 多基因座探针 一系列 VNTR 基因座的核心序列具有同源性,由这类核心序列首尾相接形成多基因座探针,其特异性不如单基因座探针,在适当的杂交条件下,例如提高杂交体系的盐浓度和适当降低杂交温度,可以在同一杂交体系中同时与多个 VNTR 基因座等位基因形成杂交信号。

multiple allele isoenzyme 复等位基因同工酶 由同一基因座位上的多个等位基因编码,这些基因一般都表现为显性基因,各等位基因编码的肽键一级结构不同,具有个体差异,成为个体识别的基础,是法医学中常用的一类同工酶遗传标记。

multiple cloning site(MCS) 多克隆位点 指有多种限制性内切酶识别序列的一段 DNA 序列。

multiple comparisons 多重比较 无论是用 K-W 检验,还是用 Friedman 检验,当拒绝零假设时,并不能直接判断 k 组中哪些组间差异具有统计学意义,为此需进行组间的多重比较。

multiple gene loci isoenzyme 复基因座位同工酶 又称遗传独立同工酶,由几个不同基因座位的基因编码,然后编码产物经过组装成为完整的酶蛋白分子。这类同工酶各亚基的一级结构差异很大。

multiplexing PCR 复合扩增 经过筛选的 STR 基因座,扩增条件基本相同,可以在同一个 PCR 反应体系中扩增多个靶基因座,叫做复合扩增。

multiregional evolution　多地区进化　人类进化的一种假说,认为旧大陆上的现代人是 100 万年前离开非洲到世界各地的直立人(Homo erectus)的后裔。

multivariate regression　多元回归　将单个自变量的线性回归(或称简单线性回归)加以推广,用回归方程定量地刻画一个因变量 Y 与多个自变量 $X_1, X_2 \cdots X_n$ 间的线性依存关系,称为多重线性回归,简称多重回归,也有人称之为多元回归,其中自变量的数值可以是随机变动的,也可以是认为选定的,但因变量一定是随机的。

mutation　突变　基因或调控元件中的核苷酸序列发生改变。突变的常见形式有点突变、插入、缺失和易位等。

mutation rate　突变率　一个细胞在一个世代中出现一次突变的概率。一个细胞分裂一次即为一个世代。

mutant　突变型　突变后相对于正常型的表型称为突变型。

M

N

nano-　**纳**　10^{-9}数量级。例如 1 纳克（nanogram，ng）$= 10^{-9}$克（gram，g）；1 纳米（nanometer，nm）$= 10^{-9}$米（meter，m），旧称 1 毫微米。

NaOH　**氢氧化钠**　俗称烧碱、火碱、苛性钠。氢氧化钠是一种极常用的碱，是化学实验室的必备药品之一。氢氧化钠在空气中易吸收水蒸气，对其必须密封保存，且要用橡胶瓶塞。它的溶液可以用作洗涤液。将提取的 DNA 溶解于 0.1 mol/L NaOH 溶液中，可以使双链 DNA 分子变性为单链。

National Center for Biotechnology Information（NCBI）　**美国生物技术信息国家中心**　NCBI 是 NIH 的国立医学图书馆（NLM）的一个分支。NCBI 的任务是建立关于分子生物学，生物化学和遗传学知识的存储和分析的自动系统；实行关于用于分析生物学重要分子和复合物的结构和功能的基于计算机的信息处理，先进方法的研究；加速生物技术研究者和医药治疗人员对数据库和软件的使用以及全世界范围内的生物技术信息收集的合作努力。

National Institute of Health（NIH）　**美国国立卫生研究院**　位于马里兰州比萨达（Bethesda）的一大批研究所，也是美国政府向有生物医学研究的大学提供资助的主要机构。

natural selection　**自然选择**　使生物体留下更多后代的基因的频率的增加，使生物体不能留下很多后代的积阴德频率减少，这一过程称为自然选择。

NCBI　**美国国家生物技术信息中心**　参见 National Center for Biotechnology Information。

negative likelihood ratio（LR_）　**阴性似然比**　评价诊断试验的指标之一。假阴性率与真阴性率之比，即漏诊率与特异度之比。

negative predictive value（PV_）　**阴性预测值**　评价诊断试验的指标之一。

诊断为阴性者中,实际为非患者的概率。

nested primer　套叠引物　用 PCR 方法扩增 DNA 时,在第一对 PCR 引物扩增的 DNA 片段中间,再设计一对 PCR 引物,它所扩增的 DNA 片段是第一对引物扩增片段的中间一段。

NIH　美国国立卫生研究院

noncoding DNA strand　非编码 DNA 链　双链 DNA 分子中作为模板转录产生 mRNA 前体的那条单链,其核苷酸序列与 mRNA 前体的序列互补。又称反义链(antisense strand)。

noncoding RNA(ncRNA)　非编码 RNA　不编码蛋白质的转录本。非编码 RNA 长度在 21~25 nt 的属于 miRNA 大家族,长度在 100~200 nt 的通常是细菌中的 sRNA,长度约为 10 000 nt 的则参与高等真核生物的基因静默。

non-fluorescent quencher(NFQ)　非荧光淬灭基团　可以吸收或抑制荧光基团发出的荧光信号(FRET 效应)。

non-Mendelian inheritance　非孟德尔式遗传　不符合孟德尔分离和自由组合遗传规律的遗传方式。也称为细胞质遗传。

nonparametric test　非参数检验　是统计分析方法的重要组成部分,它与参数检验共同构成统计推断的基本内容。参数检验是在总体分布形式已知的情况下,对总体分布的参数如均值、方差等进行推断的方法。但是,在数据分析过程中,由于种种原因,人们往往无法对总体分布形态作简单假定,此时参数检验的方法就不再适用了。非参数检验正是一类基于这种考虑,在总体方差未知或知道甚少的情况下,利用样本数据对总体分布形态等进行推断的方法。由于非参数检验方法在推断过程中不涉及有关总体分布的参数,因而得名为"非参数"检验。

nonsecretors(nS/non-Sec)　非分泌型　20% 的人唾液 H 抗原中和试验显示为阴性,即为非分泌型。

non-translational region　非翻译区　基因或 cDNA 中不产生蛋白质的序列。

nonsence codon　无义密码子　在点突变中,如果某一对碱基的替换使氨基酸密码子变为终止密码 UAG,可过早地终止转录,形式无活性的肽链,这种因突变出现的 UAG 称为无义密码子。

normalized cDNA library　均一化 cDNA 文库,规范化 cDNA 文库　减少细胞内冗余转录物的数量,增加低丰度转录物的数量而建成的 cDNA 文库。例如,每种转录物在转录物群体中所占比例可从 10^{-6} 到 10^{-1}。据估计,每个人体细胞中有一万个基因表达,每种基因转录物的绝对数可从 1 份拷贝到 20 万份拷贝,其中 1/3 的基因在每个细胞内只有 1~10 个转录物。往往将几种类型的细胞制备成的 cDNA 文库合并后,去除冗余转录物(如一些持家基因的转录物)而制成。

normal distribution **正态分布** 参见 Gaussian distribution。

normal range **正常值范围** 在许多医学研究中,常对一组正常人作某项指标的测定,以确定该指标参考范围,以往称之为正常值范围。

Northern blotting, northern transfer **northern 印迹,northern 转移** 类似于 Southern 印迹转移的操作程序,只是此时是将 RNA 而不是 DNA 从凝胶转移到合适的结合基质上,如硝基纤维素膜。单链 RNA 按其大小在琼脂糖或聚丙烯酰胺凝胶上电泳分开,然后 RNA 直接印迹在支持基质上而毋需变性。固定在支持基质上的 RNA,与放射性标记的单链 DNA,或 RNA 探针杂交。

nuclease **核酸酶** 指凡能水解核酸分子中的磷酸二酯键的酶。核酸酶通常是对 DNA 或 RNA 专一的,以及对单链分子或双链分子专一的。有些是从 DNA 或 RNA 分子末端切下核苷酸(核酸外切酶),另一些则在分子内的位置上裂解多核苷酸链(核酸内切酶)。核酸酶有不同程度的碱基序列专一性,最专一的是限制性内切酶。

nucleic acid **核酸** 核酸是生物大分子,由核苷酸通过 $3',5'$-磷酸二酯键连接成线性多聚核苷酸构成。根据核苷酸中的戊糖种类可将核酸分成两种,脱氧核糖核苷酸(deoxyribonucleic acid, DNA)和核糖核酸(ribonucleic acid,RNA)。DNA 中的戊糖是脱氧核糖,RNA 中的是核糖。DNA 或 RNA 分子,可以是单链也可以是双链。当核酸分子很小时,被称为寡核苷酸。

nucleosome **核小体** 核小体是真核生物 DNA 三级结构的特征性形式,由 4 种组蛋白(H_2A,H_2B,H_3 和 H_4)各 2 分子组成八聚体,长约 140 bp 的 DNA 双链在组蛋白八聚体上缠绕 1.75 圈。在相邻核小体间有 60 bp 的连接链,连接链结合有组蛋白 H_1。串珠状 DNA 线性分子通过扭曲盘旋,形成更复杂的,多层次的超螺旋大环状结构,进而盘旋形成染色单体。

nucleotide, deoxyribonucleotide, ribonucleotide **核苷酸,脱氧核糖核苷酸,核糖核苷酸** 核苷的糖分子 $5'$ 位置上通过酯化而连接了一个或几个磷酸基团的一种化合物。

nucleotidyltransferase **核苷酸基转移酶** 编号:EC 2.7.7.-,一类可以转移核苷酸基团的酶。

nucleotide sequence　核苷酸序列　核酸（DNA 和 RNA）中核苷酸的排列顺序。许多情况下，核苷酸序列决定核酸的高级结构和生物功能，即不同序列有不同的高级结构和不同的生物功能。规范的表达方式是从左到右，由 5′端开始，按顺序逐一记录碱基至 3′末端止。

null allele　无效等位基因　在遗传学上，指完全失去功能或活性的等位基因。在法医遗传学中，往往特指由于模版 DNA 的引用结合区域出现突变，使某个等位基因无扩增出产物或扩增产物的量不足以被检测到的现象。

null hypothesis　无差异假设，零假设　表示目前的差异是由抽样误差引起的，记为 H_0。

nullizygote　无效纯合子　一个基因座上的 2 个等位基因均缺失或失活的个体。

null mutation　无效突变　包括因大片段插入、缺失或重排致使基因产物完全失效的一种基因突变。

numerical variable data　数值变量资料　又称定量资料或计量资料。用定量的方法对每一个观察单位的某项指标测得对应的数据，一般有度量衡单位。

N

O

off-ladder　等位基因分型参照物范围以外出现的等位基因　在 STR 分型图谱中,常会遇到部分样本的少量片段未被程序化数字命名,在分型图谱中被标识为 off-ladder。off-ladder 大部分是由于电泳过程中的漂移作用使它们被软件测量的片段大小稍稍偏离相应的等位基因,不能被软件自动命名。对这种 off-ladder 峰,通过分析前后已自动化正确命名的片段相对于 ladder 等位基因的漂移偏离情况,再对 off-ladder 峰进行漂移校正,可以人工修改为数字化命名。

Okazaki fragment　冈崎片段　DNA 多聚酶只能从 5′→3′ 方向上合成 DNA。当复制叉沿着亲代双链分子移动时,一条子链可以连续合成,但另一条链一定是合成许多个短片段;因为多聚酶复合体向前运动,DNA 合成的方向正好与复制叉移动的方向相反。这些短片段长 1~2 kb 被称为冈崎片段,这是以发现这种片段的日本科学家的名字命名的,这些片段以后由 DNA 连接酶连成一条完整的子链。

oligonucleotide　寡核苷酸　短链 DNA 分子。

oligonucleotide ligation assay(OLA)　寡核苷酸连接测定　检测 DNA 序列中单个核苷酸改变的一种方法。依照待测 DNA 序列合成 2 个相邻接的寡核苷酸探针,各长 20 个核苷酸。一个是 5′端生物素标记的探针,该探针 3′端的最后一个核苷酸是待鉴定的核苷酸;另一个是 3′端毛地黄毒苷(digoxigenin)标记的探针。这 2 个探针同时与待测 DNA 杂交,如果完全互补,则反应系统中的 DNA 连接酶可将 5′端生物素标记的探针与 3′端探针共价连接起来。此时通过酶联反应而出现颜色反应,由此可以测知。如果探针与待测 DNA 在连接点上是碱基错配,则 2 个探针就不能形成共价键。则 3′端探针不起作用,不见颜色反应。由此可测知碱基有无发生变化。

one side test　单侧检验　当且仅当根据专业知识（对总体的了解）有充分理由排除某一侧，即认为某一侧本来就是不可能的，对立假设才可改为 H1：$\mu > \mu_0$（或 H1：$\mu < \mu_0$），称为单侧对立假设，相应的检验称为单侧检验。

one step mutation　一步突变　在法医遗传学中，STR 突变多表现为等位基因增加一个或减少一个基序。这种只涉及一个基序的加或减称为一步突变。大约占 STR 基因座突变的 90%。常用 STR 基因座的突变率为 0.1%～0.5%。

operon　操纵子　原核生物中由启动子、操纵基因和结构基因组成的一个转录功能单位。

open reading frame　可读框　没有终止密码子打断的阅读框。通常是从 DNA（不是 RNA）序列推论出开放读码的存在。

operator　操纵基因　操纵子中与一个或一组结构基因相邻并控制它们转录的基因。

ori　复制起始点　复制子复制起点的三字母符号。

origin　复制起点　复制起点可分功能性复制起点和遗传性复制起点。前者是 DNA 合成开始的位点，后者是启动 DNA 复制所需的 DNA 序列，以 ori 表示。两者通常同在长约 100 bp 的 DNA 区域内。在距起点的不同距离上还有一些顺式附属 DNA 序列（accessory DNA sequence），通过与反式作用的蛋白质反应，完成全部复制起点的活性。因此，具有全部功能的复制起点可包括 1 kb 到若干 kb 的 DNA 区。

other races　过渡人种　是指在三大人种的主要分支以外，在世界上存在着具有混血性质的人种类型。过渡人种的群体中常出现两个或两个以上人种的混合性状。因此，很难将他们明确地归纳到三大人种中的任何一种。目前，世界上存在着很多过渡人种，主要的过渡人种如下：1. 千岛人种；2. 波利尼西亚人种；3. 南西伯利亚人种；4. 乌拉尔人种；5. 埃塞俄比亚人种；6. 南印度人种。

out of Africa　走出非洲　人类起源的一种假说，认为现代人起源于非洲。在距今 10 万年到 5 万年前，非洲的古人类迁移到旧大陆的其他地区，从那里取代了他们所遇到的直立人（Homo erectus）。

overlapping gene　重叠基因　指两个或两个以上的基因共有一段 DNA 序列，或是指一段 DNA 序列成为两个或两个以上基因的组成部分。重叠基因中不仅有编码序列也有调控序列，说明基因的重叠不仅是为了节约碱基，能经济和有效地利用 DNA 遗传信息量，更重要的可能是参与对基因的调控。

P

PAGE　聚丙烯酰胺凝胶电泳　参见 polyacrylamide gel electrophoresis。

palindromic sequences　回文序列　两个序列相同的拷贝在 DNA 链上呈反向串联,中间没有间隔序列,是反向重复序列存在的形式之一。

parametric test　参数检验　假设检验具有两个共同特点,一是假定随机样本来自某种已知分布(如正态分布)的总体,二是对总体分布的参数做检验,故称为参数检验。

parentage testing　亲子鉴定　法医物证学中,分析个体的遗传标记,根据遗传规律对被控父母与子女血缘关系的鉴定称为亲子鉴定。亲子鉴定研究的是两个以上个体之间是否有血缘关系的问题。遗传规律和统计学原理是亲子鉴定的理论基础。亲子鉴定必须通过检测个体遗传标记,分析遗传关系才能实现。用于鉴定亲子关系的遗传标记,应该是一种简单的遗传性状,遗传方式已被确定,具有遗传多态性。

parental imprinting　亲本印记　即基因组印记。

partial linkage　部分连锁　同一条染色体上的 2 个遗传标记或物理标志,由于它们之间发生重组,所以并不总是一起传递给子代。

paternity index(PI)　父权指数　是亲子关系鉴定中判断遗传证据强度的指标。它是判断亲子关系所需的两个条件概率的似然比,即具有 AF 遗传表型的男子是孩子生物学父亲的概率(X)与随机男子是孩子生物学父亲的概率(Y)的比值。由下列公式表示:

$$PI = X/Y$$

式中,X 为具有 AF 遗传表型的男子是孩子生物学父亲的概率,Y 为随机男子是孩子生物学父亲的概率。

根据母子表型,可以排列出母子各种可能的等位基因组合,并进一步推测出必定来自生父的基因,这个基因称为生父基因。根据 AF 的表型,可以推测出他是否带有生父基因,以及传递各种可能的生父基因的概率 X。假设在随机人群中,该生父基因的频率为 Y,可求出父权指数。

PCR amplification of specific allele(PASA)　特定等位基因 PCR 扩增　检测 DNA 突变的一种方法。按特定的等位基因(片段)设计引物作 PCR 扩增,若果这一对等位基因(片段)有碱基差别,则可从 PCR 扩增产物加以检出。

　　PCR‑ELISA PCR‑酶联免疫吸附测定。测定 PCR 产物的保真性或单核苷酸变异的一种实验技术。其原理和操作步骤如下:

　　(1) DNA 片段用 PCR 扩增,在反应体系中加地高辛‑dUTP,使掺入 PCR 产物。

　　(2) 取出一份 PCR 产物,变性;与生物素标记的寡核苷酸探针杂交,这种探针能通 PCR 产物中间的一段序列杂交。

　　(3) 杂交产物固定在微孔板底部的链霉亲和素上。

　　(4) 接合了过氧化物酶的抗地高辛抗体和能呈显色反应的物质(如 Boehringer Mannheim 公司的 ABTS®)用于检测杂交分子。

　　当 PCR 产物不能与寡核苷酸探针结合时,就不会出现有色的反应产物。

PCR‑sequence specific primers, PCR‑SSP　PCR 序列特异性引物　序列特异引物引导的 PCR 反应。序列特异引物是根据不同类型核心序列关键几处碱基的差异而设计。

PE　非父排除概率　参见 excluding probability of paternity。

penetrance　外显率　某一基因显现出它的表型的个体数占携带该基因的个体总数的百分率。例如带有某一基因的个体全部显现出该基因的表型,则该基因有完全的外显率。

peptidase　肽酶　催化肽类和蛋白质中肽键水解的一类蛋白酶。

personal identification　个人识别　鉴定法医物证用以揭示个体身份的任务称为个人识别。个体识别是以同一认定理论为指导原则,通过对物证检材的遗传标记作出科学鉴定,依据个体特征来判断前后两次或多次出现的物证检材是否同属一个个体的认识过程。

phenolphthalein test　酚酞试验　血痕预试验的一种。新生态氧使还原酚酞氧化为酚酞,在碱性溶液中酚酞呈桃红色或红色。该方法灵敏度不及联苯胺试验,同样缺乏特异性。但酚酞试剂无毒、安全,仅试剂配制过程较繁琐。

phenomics　表型组学　这个名词来源于表型(phenotype‑即一个基因赋予的可观察的特性)。研究生物个体的形态和生理特征的发生和发育过程中,基因组和环境因子如何相互作用和产生生物表型多样性的一门科学。

phenotype 表型 表型是指生物体某特定基因所表现的性状。一个生物体（从形态到分子水平的各个层次上）可以观察到的特征,这是由它的基因型和环境相互作用的结果。

phenotype frequency 表型频率 表型频率是就某一性状而言,某一表型在群体中所占的百分比。所有表型频率之和等于1。

Phosphoglucomutase(PGM) 磷酸葡萄糖变位酶 PGM 广泛地存在于人体和动物体内各种组织中。是糖代谢中的重要的酶类,可逆地催化葡萄糖-1-磷酸盐和葡萄糖-6-磷酸盐的转化,在转化中需要葡萄糖-1,6-二磷酸盐做辅助因子。PGM 的天然底物是葡萄糖-1-磷酸盐,反应需要有镁离子(Mg^{2+})参加。某些金属结合剂如咪唑可增强其活性,锌离子(Zn^{2+})抑制 PGM 酶活性。

phyletic evolution 种系进化 一个生物体或一群生物体的进化史,常用系统进化树的形式来描述。

phylogenetic tree [进化]系统树 用分支树图形来表示生物在进化上的亲缘关系。

PI 亲权指数 参见 paternity index。

PIC 多态信息含量 参见 polymorphism information content。

Poisson regression 泊松回归 泊松回归就是用数服从泊松分布的时间发生数（或率）与一组解释变量之间关系的统计学方法,常用对数线性模型进行分析。

polyA 多聚腺嘌呤核苷酸 参见 polyA tail。

polyA polymerase 多聚(A)多聚酶 这种酶是将多聚(A)尾加在新合成的 mRNA 分子上。大多数真核生物有2种多聚(A)多聚酶。一种在细胞核内,将一段寡聚(A)加在转录物上;另一种在细胞质内,将尾延伸至全长。

polyA tail 多聚(A)尾 真核生物 mRNA3′端的一串腺嘌呤核苷酸残基。多聚(A)尾的长度不等,从酿酒酵母约50个残基到哺乳类动物细胞约250个残基。尾的功能还不清楚,但认为它参与 mRNA 的稳定性。有些细菌的 mRNA 也有多聚(A)尾,但它存在的时间是很短的。

在可隆基因的 A-T 法中,限制片段的3′端是加上多聚(dA)尾——多聚脱氧腺嘌呤核苷酸尾。

polyacrylamide gel 聚丙烯酰胺凝胶 聚丙烯酰胺凝胶是将丙酰胺同 N,N′-亚甲双丙烯酰胺交联而制成的。聚丙烯酰胺凝胶用于电泳分离蛋白质和 RNA 分子。DNA 分子常因分子质量太大而在聚丙烯酰胺中不能移动得很远。

聚丙烯酰胺珠状体也能在凝胶层析中用作分子筛,市场上的商标名称为"Bio-gel"。

polyacrylamide gel electrophoresis(PAGE) 聚丙烯酰胺凝胶电泳 根据核酸或蛋白质分子的大小加以分离的一种方法。在电场影响下分子穿过惰性的凝胶基质而移动。在蛋白质聚丙烯酰胺凝胶电泳时,常加以十二烷基硫酸钠(SDS)一类去污剂以保证所有分子带有一样的电荷。电泳分离采用聚丙烯酰胺凝胶(PAG)。PAG 一般采用凝胶浓度 5%和交联度 3%(T 5%,C 3%)的凝胶,凝胶缓冲液和槽缓冲液均为 1×TBE。PCR 扩增产物加同体积的载样缓冲液混匀后加样。

polyethylene glycol,carbowax(PEG) 聚乙二醇 这种多聚物的分子质量从 1 000 Da 到 6 000 Da。PEG 4000 和 PEG 6000 常用于促进细胞融和原生质体融合,并有助于生物体和酵母菌在转化中摄入 DNA。PEG 也用于浓缩溶液,因它能吸去溶液中的水。该多聚物的化学式为:$HOCH_2$ $(CH_2OCH_2)_xCH_2OH$。

polymarker system PM 系统 PM 系统包括 LDLR、GYPA、HBGG、D7S8 和 GC 等 5 个多态性 DNA 基因座。低密度脂蛋白受体(low density lipoprotein receptor, LDLR),定位于第 19 号染色体上;血型糖蛋白 A (glycophorin A, GYPA),位于第 4 号染色体上;血红蛋白 Cr 球蛋白 (hemoglobin G gamma globin, HBGG)基因座位于第 11 号染色体上;D7S8 位于第 7 号染色体上;型特异性成分(group specific component, GC)位于第 4 号染色体上。PM 系统的 5 个基因座表现为序列多态性,可以用 ASO 探针反向斑点杂交检测。

polymerase chain reaction(PCR) 多聚酶链式反应 这是增加 DNA 序列拷贝数的一种方法。聚合酶链反应是一种体外扩增特异性 DNA 片段的技术,可在数小时内获得近百万个靶 DNA 片段的拷贝,改变了传统的重组克隆靶 DNA 片段的技术概念。待扩增的 DNA 片段经热变性成为单链后,与寡聚核苷酸引物退火,然后加入耐高温的 DNA 多聚酶和 4 种脱氧核苷酸,以 DNA 单链为模板合成一条新的 DNA。然后再高温解链,由于反应体系中有引物、耐高温的 DNA 多聚酶和 4 种脱氧核苷酸,所以又开始第二轮合成。这样经过许多次重复进行 DNA 合成,DNA 序列的拷贝数就可大量增加。

polymerase chain reaction-microtiter plate hybridization(PCR - MPH) PCR - 微量滴度板杂交法 与酶联免疫吸附试验(ELISA)相似,区别在于将 SSO

探针杂交检测转移到微量滴度板上完成。

polymerase chain reaction-Restriction Fragment Length Polymorphism(PCR - RFLP)　限制性片段长度多态性聚合酶链反应　基本原理是用 PCR 扩增目的 DNA,扩增产物再用特异性内切酶消化切割成不同大小片段,直接在凝胶电泳上分辨。不同等位基因的限制性酶切位点分布不同,产生不同长度的 DNA 片段条带。

polymerase chain reaction-Sequence-specific primers(PCR - SSP)　序列特异性引物聚合酶链反应　根据等位基因的序列,设计具有序列特异性的引物,对样本进行 DNA 分型。该方法是以引物决定分型特异性,因此根据引物设计可进行"低分辨率"和"高分辨率"的扩增,将两者分步进行,可提高分型的效率。该方法特异性强、重复性好、结果易于判定。

polymorphic enzyme　多态性同工酶　在同工酶中,那些由遗传所致的,在不同个体之间表现出酶分子蛋白质一级结构差异,并可将人群分为若干类型的同工酶被称为多态性同工酶。

polymorphic marker　多态性标记　群体中不同个体的 DNA 序列互有差异,这种差异是遗传的,发生的频率大于1%。可作为一种标记。

polymorphism　多态性,多态现象　在一个(个体、细胞或分子)群体中,某一遗传特性存在若干种类型。从遗传学的角度分析,遗传多态性是指控制遗传标记的基因座上存在有2个或2个以上等位基因,并且等位基因的频率大于0.01。群体中存在因基因突变而产生的遗传不稳定的新等位基因,由于其频率远未达到0.01,而不属于遗传多态性。遗传多态性的形成机制是基因突变,但只有在突变基因经过了数代乃至数十代的遗传后,该等位基因不再需要突变来维持,在群体中能够保持稳定的频率时,才能认为具有了遗传多态性。评估遗传多态性的主要参数是基因频率、基因型频率以及表型频率。

polymorphism information content (PIC)　多态信息含量　这是指处在 Hardy-Weinberg 平衡状态下的家系,在连锁分析时遗传标记多态性所含的信息量。遗传标记如能说明一个个体的一对等位基因中的哪一个传递给了哪一个子女,则该遗传标记就是有信息的。PIC 则是一个受累个体将是杂合子,而其配偶将是不同基因型的概率。PIC 的值介于0和1之间,越接近1,则标记的信息量越多,也就越有用。PIC 的计算公式为:

$$PIC = 1 - \sum_i p_i^2 - \sum_i \sum_{j=i+1}^{n} 2p_i^2 p_j^2$$

p_i第 i 个等位基因的频率。如果标记基因座的等位基因不止 2 个,而且每个等位基因在群体中又都是常见的,则该标记基因座的等位基因越多,信息量越大。

positive likelihood ratio(LR+)　阳性似然比　评价诊断试验的指标之一。真阳性率与假阳性率之比。

positive predictive value(PV+)　阳性预测价值　评价诊断试验的指标之一。诊断为阳性者中,实际为患者的概率。

post-transcriptional gene silence(PTGS)　转录后基因沉默　指在基因转录后的水平上通过对靶标 RNA 进行特异性降解而使基因失活的现象。

posterior probability　后验概率　又称事后概率。如果已知某样品各个指标 X_i 的观察值为 S_i,则在该条件下,样品属于 Y_j 类别的概率 $P(Y_j|S_1, S_2, \cdots, S_p)$ 称为后验概率。

power　功效　如果犯第Ⅱ类错误的概率控制在 β 以下,该项假设检验发现差异的功效就不低于 $1-\beta$,即检验的功效 = P(拒绝 $H_0|H_1$ 为真)$\geqslant 1-\beta$。

P-percentile　P百分位数　将变量 X 的观察值由小到大排队后,可以有名次位于 P % 处的数值,一般称之为 P 百分位数,记为 Xp。

precipitation reaction　沉淀反应　沉淀反应是一种经典的免疫反应。可溶性抗原与相应抗体发生特异性结合,当抗原抗体比例适合时可形成肉眼可见的抗原抗体复合物沉淀。

precision　精度　测量精度指测量过程中的舍入误差。

preliminary test　预实验　是一种筛选试验,目的是要从大量的可疑血痕中筛除不是血痕的检材。预实验均具有灵敏度高、操作简便、快速的特点。意义在于阴性结果可以否定血痕。

primer　引物　DNA 多聚酶不同于 RNA 多聚酶,它不能发动多核苷酸链的从头合成,它只能将核苷酸加在已有链末端的游离 3′羟基上。因此,需要有一段短的寡核苷酸也就是引物提供这样的羟基,去启动 DNA 合成。RNA 引物用于体内启动 DNA 复制。在双脱氧 DNA 测序操作(Sanger 法)中,与噬菌体 M13 单链序列某一部分互补的合成的 DNA 引物,用于在体外启动 DNA 合成。在 PCR 实验中与模板 DNA 末端单链互补的寡核苷酸为 PCR 引物,人工合成的寡核苷酸长度从 20 多个核苷酸到 50 多个核苷酸不等。

primosome　引发体　DNA 复制时,在复制起点上先有启动蛋白质(initiaton proteins)结合在一些特定位点上,包住 DNA 形成一个很大的蛋白质-DNA 复合体,这个复合体再与 DNA 解旋酶结合,使之位于暴露的 DNA

P

单链与双链的交界处,然后再加上引物酶,这样就构成了一个引物体。引物体沿着后随链模板移动而合成 RNA 引物。

probability　概率　一次试验中出现某事件的机会大小称为该事件的概率。对于连续型随机变量例如红细胞计数、汞含量等无法——列出各种可能的取值。当样本量相当大时,频率密度直方图已经能近似地反映随机变量的概况了;进一步设想,当 n 无限增大以及横轴上的组距无限减小时,频率密度直方图的外缘就变成一条光滑的曲线,这就是概率密度曲线。若能写出这条曲线的函数表达式,就称之为概率密度函数。

probability distribution　概率分布　随机变量 X 小于任何已知实数 x 的事件可以表示成的函数。

probability function　概率函数　为描述一个离散型随机变量,只需给出各种可能的"值"和相应的概率,两者合在一起便构成离散型变量的概率函数。

probability of discrimination(DP)　个人识别率　个人识别概率是指在群体中随机抽取两个体,两者的遗传标记表型不相同的概率。DP 是评价该遗传标记系统识别无关个体效能大小的指标。随机抽取的两个体,在某个遗传标记中的表型、基因型不相同的概率越高,说明这个遗传标记在识别无关个体方面的效能就越强。DP 值的计算公式为:

$$DP = 1 - Pm = 1 - \sum_{i=1}^{n} p_i^2$$

式中,n 为某一遗传标记的表型数目,P_i 为该群体第 i 个表型的频率。$\sum_{i=1}^{n} p_i^2$ 指人群中随机抽取两个无关个体在某一基因座上两者表型纯粹由于机会而一致的概率。

probability of exclusion　父权排除概率　参见 excluding probability of paternity。

probability of paternity　父权概率　父权相对机会(relative chance of paternity, RCP)或父权概率,后者常简写为 W,来源于德语单词 Vaterschaftswahrscheinlichkeit。父权相对机会代表了判断 AF 是孩子生父的把握度大小。

probe　探针　在检测靶 DNA 片段的杂交技术中,将与靶片段序列互补的 DNA 寡核苷酸单链标记示踪物,使其在复性条件下与靶 DNA 单链形成杂交双链,然后通过显现示踪分子来定位靶 DNA。其中标记有示踪物的寡核苷酸片段叫做探针。

product rule **乘积定律** 统计学中的乘积定律在法医遗传学中应用主要是:经一组遗传标记测定,采用乘积定律将各个单独的遗传标记组合成为一种具有极小概率的表型组合来达到极小概率事件,来支持同一性或认定亲子关系的结论。运用的先决条件是所检测的各个系统遗传标记之间具备独立性。

proficiency testing **能力验证** 是指利用实验室间比对确定实验室的校准、检测能力或检查机构的检测能力。

programmed cell death **程序性细胞死亡** 正常机体细胞在受到生理和病理刺激后出现的一种主动的死亡过程。机体在产生新细胞的同时,衰老和突变的细胞通过程序性死亡机制被清除,使器官和组织得以正常发育和代谢,是动物个体发育过程不可缺少的步骤。细胞程序性死亡强调细胞功能上的改变。

promoter **启动子** 这个 DNA 区常在基因或操纵子编码序列的上游,RNA多聚酶结合在上面,指导酶朝向正确的转录起始位置。

promoter sequences **启动序列** 启动序列位于结构基因转录起点的上游,在基因的 5′端约 1 kb 处,是 DNA 链上能够与 RNA 聚合酶结合并能起始mRNA 转录的特殊序列,在调控基因表达上起到重要作用。

proportion **比率** 比率是一种特定形式的比,分子和分母都是计数值的,而分子又是分母的一部分。当分母适当大时,可用比率来描述某事件发生的频率,以此作为该事件发生机会的近似值。

prospective study **前瞻性研究** 追踪研究又称前瞻性研究或队列研究,是对不同暴露水平的对象进行追踪观察,掌握疾病发生情况,从而分析暴露因素与疾病发生之间的因果联系。

prostate specific antigen(PSA) **前列腺特异性抗原** PSA 是一种由 hKLK3基因编码由前列腺上皮细胞分泌的单链糖蛋白,具有糜蛋白酶活性。在正常情况下,PSA 主要被分泌到前列腺液中,水解精液凝固蛋白Ⅰ和Ⅱ,使精液液化。在精液中 PSA 含量较高,在正常男性血清中仅可检测到微量的PSA(0~4 ng/ml),在精液中其浓度大约是血清中浓度的 100 万倍(0.5~5.5 mg/ml)。PSA 作为前列腺癌的特异性标志物,对前腺癌的诊断特异性达 90%~97%。

proteinase K **蛋白酶 K** 蛋白酶 K 是一种枯草蛋白酶类的高活性蛋白酶,用于生物样品中蛋白质的一般降解。孵育温度为 55℃至 65℃,理想孵育温度为 58℃,孵育时间为 15 min 至 48 h;理想孵育时间为 2 h。

proteome　蛋白质组　它是指基因组中每个基因编码产生的蛋白质的总体，也就是一个生物体所能产生的所有类型的蛋白质。

proteomics　蛋白质组学　从氨基酸组成、三维构象、生物学功能和实现生物学功能所需的条件等角度来研究蛋白质组的一门科学。

pseudoautosomal region　假常染色体区　性染色体上共有的同源序列区段，在减数分裂期间能相互配对。在人的 X 染色体和 Y 染色体的长臂端部及短臂端部都发现有假常染色体区段。

pseudogene　假基因　基因组中丧失功能的基因，这类基因或是在复制扩增过程中因为突变失去了调控信号，不再具有转录功能；或丢失拼接加工信号，转录产物无法正确拼接形成成熟 mRNA；或是在编码区形成终止信号，产生不完整肽链。一般认为假基因的来源是 mRNA 分子由反转录酶合成的 cDNA 拷贝整合进了基因组。因此假基因没有启动子，而在 5′端有poly(dA)序列。因为假基因没有受到非得保持其编码潜力的进化压力，所以它可以积累突变，并常包含所有 3 种终止密码子。

pulse field gel electrophoresis(PFGE)　脉冲电场凝胶电泳　这是分离高分子质量 DNA 的一种电泳技术。与一般的电泳不同，这是使 DNA 分子处在 2个相互垂直的、交替变换的电场中移动，使分子质量大小不等的 DNA 片段分开。用这种电泳技术，目前可分辨 5 000 kb～20 000 kb 的 DNA 分子。

purine　嘌呤　嘌呤是有两个相邻的碳氮环的含氮化合物，属于含氮碱基的一种。DNA 和 RNA 中的嘌呤组成均为腺嘌呤(adenine，A)和鸟嘌呤(guanine，G)。各种生物 DNA 的碱基组成中，分子中 A 和 T 的克分子含量相等。

P-value　P 值　H_0 成立时，出现当前状况以及更极端情形的概率记为 P 值。

pyrimidine　嘧啶　嘧啶是有两个相邻的碳氮环的含氮化合物，属于含氮碱基的一种。DNA 的嘧啶组成是胞嘧啶(cytosine，C)和胸腺嘧啶(thymin，T)；RNA 的嘧啶组成是胞嘧啶(cytosine，C)和尿嘧啶(uracil，U)。各种生物 DNA 的碱基组成中，分子中 G 和 C 的克分子含量相等。

pyrosequencing　焦磷酸测序技术　焦磷酸测序技术是一种基于发光法测定焦磷酸盐(PPi)的测序技术。它不需要电泳，适合于短片段 DNA 序列分析。它在 DNA 聚合酶、三磷酸腺苷硫酸化酶、荧光素酶和三磷酸腺苷双磷酸酶 4 种酶的协同作用下，将焦磷酸转化为等量的荧光信号，通过荧光信号的高低实时检测待测序列，操作简便，可实现高通量、自动化测定，检测不需要电泳，不需要对样品标记和染色，结果准确可靠重复性好。

P

Q

Q-banding　Q显带　染色体显带的一种技术。用喹吖因染料染色分裂中期染色体,使出现特征性的荧光亮带和暗带。一般说,富含 AT 的 DNA 在荧光镜下表现为亮带,富含 CG 的 DNA 则荧光较暗。

quality assurance　质量保证　为使大众确信某实体能满足质量要求,而在质量体系中实施并根据需要进行证实的全部有计划、有系统的活动,称为质量保证。

quality audit　质量审核　质量审核是为了确定质量活动和有关结果是否符合计划的安排,以及这些安排是否有效地实施,并适合于达到预定目标所做的有系统地、独立地检查。

quality control　质量控制　质量控制是为达到质量要求所采取的作业技术和活动。

quality cost　质量成本　质量成本是为了确保和保证满意的质量而发生的费用,以及没有达到满意的质量所造成的损失。

quality objective　质量目标　质量目标是根据质量方针的要求在一定期间内质量方面所要达到的预期效果。对于法医学鉴定来说,某一年的质量目标可以是"全年鉴定投诉率小于 1%"或"全年无超期鉴定发生"等等。

quality policy　质量方针　质量方针是由组织的最高管理者正式颁布的该组织总的质量宗旨和方针,是各部门和全体人员执行质量职能、从事质量管理活动所必须遵守和已从的行动纲领。

quality program　质量计划　质量计划是针对某项产品、过程、服务、合同或任务制订专门的质量措施、资源和活动的文件,是落实质量目标的具体部署和行动安排。

quality supervision　质量监督　质量监督是为了确保满足规定的要求,对实体的状况进行连续监视和验证并对监督记录进行分析的活动。质量监督

　　一般由顾客或以顾客名义的认证机构、质量监督部门来实施。

quality system 质量体系 质量体系是实施质量管理所需要的、由组织结构、程序、过程和资源等组成的一个有机整体。

quantitative trait locus(QTL) 数量性状基因座 一组共同编码在种群中连续变化的数量性状基因中的一个基因在染色体上的位置。

Q

R

RACE　cDNA 末端快速扩增法　见 rapid amplification of cDNA end。

randomization　随机化　随机化是为了保证各对比组间在大量不可控制的非处理因素的分布方面尽量保持一致而采取的一种统计学措施。

random number　随机数　随机化是通过随机数实现的。

randomized complete-block design　随机化完全区组设计　欲比较甲、乙、丙三种饲料对小鼠体重的影响，为了控制小鼠个体差异的影响，可选 n 窝小鼠，每窝 3 只随机分配给甲、乙、丙三种饲料。这种设计就是随机化完全区组设计，简称随机区组设计。

randomized paired design　随机化配对设计　将受试对象按某些中药特征相近的原则配成对子，每对中的两个个体随机分配给两种处理，这样的设计称为随机化配对设计。

random primer　随机引物　同位素标记 DNA 探针的一种方法。人工合成各种随机排列的六核苷酸作为合成 DNA 的引物，然后用 DNA 多聚酶延伸，形成模板 DNA 单链的互补链，在反应体系中加入同位素标记的脱氧核苷酸，即可合成同位素标记的 DNA，比放射性强度可达 109 cpm/$^\mu$g DNA。比切口平移法标记得到的比放射性高出 10 倍左右。探针 DNA 的量也只需切口平移法所需的 1/20，约 25 ng。

randomly amplified polymorphic DNA(RAPD)　随机扩增多态 DNA　用同一套 PCR 随机引物去扩增群体中不同个体的基因组 DNA 得到大小和数量有差异的产物。

range　极差，全距　最大值与最小值之差称为极差或全距。

rank　等级，秩次　个体的某些属性可用一个变量来描述，但变量的取值并不反映该个体的确切定量值，只反映类别的等级或秩次。

ranked data　等级资料　参见 categorical variable data。

rapid amplification of cDNA end(RACE)　cDNA 末端快速扩增法　1988 年 Frohman 等发明的一项实验技术。用 PCR 方法使 cDNA 片段延伸到末端,以获取具 5′端和 3′端的全长 cDNA。

rare blood type　稀有血型　是一种少见或罕见的血型。这种血型不仅在 ABO 血型系统中存在,而且在稀有血型系统中也还存在一些更为罕见的血型。随着血型血清学的深入研究,科学家们已将所发现的稀有血型,分别建立起稀有血型系统,如 Rh、MNSSU、P、KELL、KIDD、LUTHERAN、DEIGO、LEWIS、DUFFY 以及其他一系列稀有血型系统。其中孟买型的稀有血型系统指:这种血型的红细胞上,没有 A、B 和 H 抗原,但在血清中却同时存在 A、B 和抗 H 三种抗体。

rare cutter　稀有切点的限制酶　一些限制性内切酶的识别序列为 6 个或 8 个碱基对,但都是 GC 对。按照理论推算,如果识别序列是随机分布的,则 6 个碱基对的识别序列每隔 4 096(46)个碱基对就有一个酶切位点;8 个碱基对的识别序列将是每隔 65 536 个碱基对有一个酶切位点。可是,事实上由于人和其他哺乳动物基因组的 GC 对含量少于 AT 对,而且连续的 GC 对的概率不大,所以实际上往往相隔数百个千碱基对甚至上千个千碱基对才会出现一个切点,所以称为稀有切点的限制酶。

rDNA　核糖体 DNA　参见 ribosomal DNA。

read　读序　基因测序时,每一个测定了核苷酸序列的 DNA 片段称为一个读序。

reading-frame　读框　mRNA 的核苷酸序列中,3 个核苷酸为一组(称为密码子)由核糖体进行翻译。每个密码子编码一个氨基酸。至于哪 3 个相邻核苷酸成为一个密码子,这是由起始密码子 AUG 决定的。

real-time quantitative PCR　实时定量 PCR 法　这是分析基因表达的一种实验技术,反映在某一特定时刻细胞内某一基因或某些基因的表达量。

rearrangement　重排　染色体结构改变造成遗传物质的重新排列。

recombinant　重组体　① 此名词用于经典遗传学的含义是:一个生物体含有的等位基因组合不同于它的任何一个亲本。例如,亲本是 AABB 和 aabb;重组子则是 AaBb。这个可以是交换的产物,也可以是减数分裂时不同染色体独立分配的结果。② 此名词用于分子遗传学的含义是:含有 DNA 序列新组合的分子。③ 这个词也可用作形容词,例如重组的 DNA。

recombinant DNA　重组 DNA　这种 DNA 分子的序列不是天然存在的,而是在体外操纵被重新安排的。在重组 DNA 分子中的不同序列通常是来自不同的生物体。

R

recombinational crossover 重组交换

reference marker 参照标记 在遗传图或物理图作图时,确定了与其他标记之间相对位置的一种信息标记。参见 informative marker。

reference range 参考范围 在许多医学研究中,常对一组正常人作某项指标的测定,以确定该指标的参考范围,以往称之为正常值范围。

relative chance of paternity(RCP) 父权相对机会 父权指数式是两个条件概率的比值,它的一个条件概率可以按 Bayes 定理换算成另一个条件概率,从而引出另一个参数,称之为父权相对机会或父权概率。

relative risk(RR) 相对危险度 受累者(或疾病患者)亲属出现的异常性状(或疾病)的危险,与一般群体中出现相同异常性状(或疾病)的危险的比值。

renaturation 复性 当撤除 DNA 变性(denaturation)因素后,原变性的两条互补 DNA 单链通过碱基配对又重新缔合成为双链的过程叫做复性。复性过程依靠两条互补链之间特异性的碱基配对,需经过两个阶段:首先,溶液中的 DNA 单链以随机方式相遇,如果两者的序列可以互补,两链的碱基即发生配对,形成局部的双螺旋区;随后,该碱基配对区延伸至整个分子。DNA 分子复性受多种因素影响:温度、离子强度以及 DNA 分子的大小和碱基序列等。

repeat 重复 在一个 DNA 分子中出现不止一次的核苷酸序列。重复序列可彼此取相同方向(正向重复或顺向重复),也可取相反方向(反向重复或逆向重复)。

repeated measures data 重复测量资料 对同一研究对象(如人、动物、仪器等)的同一测量指标,在不同时间点的多次测量结果称为重复测量资料。

repeat sequence length polymorphism(RSLP) 重复序列长度多态性 当不同个体基因组内头尾衔接的重复序列的拷贝数目不同时,用在 2 个重复序列之间有切点而在重复序列内没有切点的限制性内切酶酶切,就会生成长度不同的 DNA 片段,这就是重复序列长度多态性。

repetitive sequence 重复序列 基因组中含有一个以上序列相同的拷贝称为重复序列,这是真核生物基因组的一个显著特征。基因组中的重复序列较少受到选择压力的限制,因此在个体间最具有变异性,是形成 DNA 多态性的基础。

replicating fork 复制叉 大肠杆菌的染色体是环状双链 DNA,DNA 复制时,在复制起始点处的双链解开,每一条链分别复制,朝相反方向(双向复制)或朝同一方向(单向复制)进行下去,在进行复制的位置上就形成了复制叉。

replication　复制　复制指 DNA 或 RNA 以亲链为模板合成子链。这是细胞或病毒增殖周期中的一个部分。

replication slippage　复制滑移　复制滑移是形成 STR 多态性的原因之一，也是 STR 基因座基因突变的主要原因。复制滑移突变多表现为等位基因增加一个或减少一个基序。

replicator　复制因子　指一个 DNA 区段，其中含有一个复制起始点并能促进质粒 DNA 分子在宿主细胞中复制。

replicon　复制子　DNA 分子中能从一个起始点进行复制的部分。质粒、细菌染色体、噬菌体和其他病毒通常有一个复制起始点；在这种情况下，整个 DNA 分子就构成一个复制子。真核生物染色体有多个内在的起始点，因此含有几个复制子。这个词常用于指能独立复制的 DNA 分子，例如，"穿梭质粒 pJDB 219 是酵母菌和大肠杆菌中的一个复制子。"

reporter gene　报道基因　报告启动子具有转录活性的基因。这种基因要具备 3 个条件：① 原核生物基因编码的酶很容易同哺乳类细胞原有的酶相区别；② 这种基因编码的酶不与细胞内其他的酶产生竞争或干扰作用。③ 能快速、灵敏、方便地测定其酶活性。

representational difference analysis(RDA)　代表性差别分析　这是在 2 种来源的 DNA 分子群体之间寻找出差别很小的 DNA 序列的一种实验方法。将 2 种来源的基因组 DNA 用同一种限制性内切酶酶切成小片段后变性，相互混合使其复性。过量的驱动 DNA(driver DNA)与目标 DNA(target DNA)的同源部分复性后，剩下的与驱动 DNA 无同源序列的目标 DNA 片段，即是 2 个基因组之间差别的所在。但这只是 2 个基因组之间差别的一部分而不是全体，所以称为之代表性差别分析。随后，可应用削减杂交的原理，将这种有差别的目标 DNA 片段克隆；再经过几个循环，就可将其富集，一般认为，经过与 PCR 技术结合，富集可达 10^6 倍。

response variable　反应变量　依赖于自变量而变化的因变量称为反应变量，在自变量的数值确定时按某种规律随机变动。

restriction endonuclease　限制性内切核酸酶　即限制酶。限制 - 修饰系统中的一种酶，破坏非专一性甲基化的外源 DNA，作用于双链 DNA 中的特定碱基序列。是来源于细菌体内的一类酶，能够识别双链 DNA 中的特殊回文式序列，并能在识别序列内将 DNA 双链切断。限制酶活性要求稳定，酶的识别序列位于 VNTR 序列的两翼，尽可能地靠近 VNTR 序列的 $5'$ 端和 $3'$ 端。限制酶主要分 3 类。第 1 类限制酶结合在特定的识别序列

R

上,但在近乎随机的位置上切割 DNA。第 2 类限制酶的结合和切割都在同一个识别序列内,识别位点是一个回文对称序列,即这个序列有一个中心对称轴,从这个轴朝 2 个方向读,其序列都是相同的。第 3 类限制酶的结合识别序列是专一的,但并不总是对称序列,在离开识别序列一定数目的碱基处切割,所以其切割产生的 DNA 片段大小是一定的,但单链末端是各异的。

除上述 3 类外,还有限制酶与位置专一的重组酶的中间类型,例如转座子的转座酶。在重组 DNA 技术中应用的主要是第 2 类限制酶。

限制酶的命名有一定的规则。取限制酶的产生菌的拉丁文属名的第 1 个字母(大写)、种名的开头 2 个字母(小写),菌株名的第 1 个字母或第 2 个字母(大写或小写),产生菌如有几种不同的限制酶,则分别以罗马字Ⅰ、Ⅱ、Ⅲ……标明。属名和种名的字母为斜体字,其余为非斜体字。例如,限制酶 *Alu* Ⅰ是生产菌 *Arthrobacter lutus* 产生的一种限制酶,*Eco*. R Ⅰ是大肠杆菌 *Escherichia col*：RY13 产生的限制酶,*Hpa* Ⅰ和 *Hpa* Ⅱ是细菌 *Haemophilus parainfluenzae* 产生的两种限制酶。

第 2 类限制酶对双链 DNA 分子的切割技术有 2 种方式。一是交错切割,形成单链突出的黏性末端。另一种切割方式为双链上同一位置的切割,产生平齐末端。

第 2 类限制酶的识别序列的核苷酸数目不等,主要有 4 个,6 个和 8 个。识别序列在基因组 DNA 上的分布是随机的。如识别 4 个核苷酸序列的限制酶平均每隔 256 个核苷酸有 1 个酶切位点;识别 6 个核苷酸序列的限制酶每隔 4 096 个核苷酸有 1 个酶切位点。有些限制酶的识别序列为 6 个或 8 个核苷酸,但只要是由 GC 组成;这样,这些限制酶的酶切位点往往比按随机分布计算的数目要少得多。

restriction fragment　限制片段　用限制性核酸内切酶处理 DNA 后产生的片段。

restriction fragment length polymorphism(RFLP)　限制性片段长度多态性是一种传统的分子生物学检测技术,广泛应用于突变分析、基因诊断、基因定位等各个方面。法医物证鉴定应用 RFLP 分析主要是对人类基因组中的 VNTR 基因座进行分型,其技术核心是 DNA 分子杂交,决定 RFLP 分析图谱个体特异性的因素是限制性核酸内切酶的特异性和探针的特异性。同一物种不同个体的细胞核(或线粒体、叶绿体)基因组 DNA 分子,用同一种限制性内切酶完全酶切后,出现长度不同的同源等位片段,或称限制性等位片段。

restriction map **限制性酶切图** 将 DNA 分子上的限制性内切酶的酶切位点依次排列作图，标明酶切位点在 DNA 分子上的位置，以及相互之间间隔的距离。这是物理图的一种。

restriction site **限制酶切位点** DNA 中被第 2 类限制性内切酶识别的专一的核苷酸序列，在这个序列中内切酶作双链切割。限制位点常由 4 个或 6 个碱基对组成，且是两侧对称，或是在交错位置上切割而产生黏性末端，这取决于所用的酶。

retrotransposon **反转录转座子** 又称为返座元（retroposon），是近年来新发现的由 RNA 介导转座的转座元件，在结构和复制上与反转录病毒（retrovirus）类似，只是没有病毒感染必需的 *env* 基因，它通过转录合成 mRNA，再逆转录合成新的元件整合到基因组中完成转座，每转座 1 次拷贝数就会增加 1 份，因此它是目前所知高等植物中数量最大的一类可活动遗传成分。目前共发现了 3 种类型反转录转座子：Ty1-copia 类、Ty3-gypsy 类和 LINE(long interspersed nuclear clements)类转座子，前两类是具有长末端重复的转座子，LINE 类转座子没有长末端重复。高等植物中的反转录转座子主要属于 Ty1-copia 类，分布十分广泛，几乎覆盖了所有高等植物种类。

reverse blot hybridization **反向印迹杂交** 在固相载体上印迹的是已知的 ASO 探针，因此在一张硝酸纤维素膜或尼龙膜上可以同时固定许多探针。将每种 ASO 探针末端接上一个多聚 T 尾巴，再点到杂交膜上，经紫外线照射激发，使探针与膜共价交联而固定。样本单位基因先经过 PCR 扩增，扩增引物的 5′端标记有生物素，使等位基因的扩增产物都带有生物素标识物。然后将扩增产物与固相膜上的探针进行杂交，再用标记了辣根过氧化酶的链霉抗生物素蛋白进行显色反应，就可以根据显色点确定待测 DNA 具有哪种等位基因。

reverse Dot-Blot(RDB) **反向斑点杂交** 各种遗传标记的反向斑点杂交技术原则是一致的，以 PM 系统反向斑点杂交技术分型为例说明。合成等位基因特异的寡核苷酸序列，在序列的 3′端连接 poly dT，以斑点形式印迹并固定在尼龙膜上，制成含探针的尼龙膜。各基因引物带有生物素标记，经过 PCR 扩增后，使目的片段带有生物素标记。杂交后，生物素与耦联有碱性磷酸酶或辣根过氧化物酶的链亲和素结合，通过酶联反应显色得到蓝色的杂交点。

reverse grouping **反定型试验** ABO 血型依据血清中的凝集素与标准型别红细胞膜上的凝集原反应的性质来检验结果。用标准的 A 型红细胞判定

R

抗 A 抗体,用标准的 B 型红细胞判定抗 B 抗体,称作反定型试验。为使结果准确,应进行正反两个试验来分型。

reverse transcription PCR(RT‑PCR) 反转录多聚酶链式反应 这是扩增 mRNA 的一种实验技术。先将 mRNA 反转录成 cDNA,然后再以 cDNA 为模板,用 PCR 方法加以扩增。

revised Cambridge Reference Sequence rCRS 修订的剑桥参考序列 1999 年安德鲁斯等重新分析线粒体基因组 DNA 序列,进行比较发现 11 个核苷酸不同于第一次的安德森序列。修订的剑桥参考序列是目前公认的标准。

RFLP 限制性片段长度多态性 参见 restriction fragment length polymorphism。

Rh blood group Rh 血型 Rh 系统是根据免疫动物命名的。

ribonuclease(RNase) 核糖核酸酶 水解 RNA 的一种酶。许多种核糖核酸酶用于分析 RNA 分子的特性和序列。有的是单链专一的,如 RNase TⅠ;有的是双链单一的,如 RNase Ⅲ;许多种酶都参与 RNA 前体分子在体内的加工。

ribonucleic acid(RNA) 核糖核酸 遗传信息的另一种贮存分子。根据核苷酸中的戊糖种类可将核酸分成两种,脱氧核糖核酸和核糖核酸。RNA 中的核糖。许多种病毒有单链的或双链的 RNA 基因组。在生物体中,RNA 是作为 DNA 复制的引物,对于 DNA 所含遗传信息的表达也是不可少的。RNA 不同于 DNA,它的核苷酸含有的是核糖而不是脱氧核糖,它含的 2 种嘧啶碱基之一是尿嘧啶而不是胸腺嘧啶。RNA 可被碱水解,DNA 则不会。

ribonucleoside 核糖核苷 参见 nucleoside。

ribonucleotide 核糖核苷酸 参见 nucleotide。

R

ribosomal RNA(rRNA) 核糖体 RNA 这种 RNA 分子是核糖体的主要结构组成和功能组成,核糖体是负责蛋白质合成的细胞器。不同的 rRNA 分子可根据它们不同的沉降值(Svedberg, S)来识别。大肠杆菌核糖体的小亚基含 1 个 16S rRNA(1 541 个核苷酸),大亚基含 1 个 23S rRNA(2 904 个核苷酸)和 1 个 5S rRNA(120 个核苷酸)。这 3 种 RNA 分子是合成 1 个大前体分子的组成部分,这个大前体分子还含有一些 tRNA。专一的加工酶把这个大前体分子切成许多个有功能的分子。

ribosome 核糖体 负责蛋白质合成的亚细胞复合物。它由 2 个亚基组成,亚基各含一种或几种 RNA 分子如 rRNA(核糖体 RNA)和许多种蛋白质。小亚基负责结合 mRNA,随后同大亚基连接;大亚基接受氨酰 tRNA 分子并实现肽键形成过程。

ring precipitation　环状沉淀反应

RNA interference(RNAi)　RNA 干扰　双链 RNA 阻断靶基因表达的一种现象。双链 RNA 阻断靶基因表达的效率,比反义 RNA 或有意义 RNA 的阻断效率高出一个数量级。RNAi 有 2 个明显特点:(1) 干扰的活性可以在细胞间转移,例如将双链 RNA 注入线虫的肠道,其干扰效应可分布至其他组织,包括性腺。如将表达靶基因的大肠杆菌喂饲线虫,或将线虫浸在双链 RNA 溶液中,也能产生对线虫体内靶基因表达的阻断作用。(2) RNAi 的效应可持久出现在线虫的一生中,对有些基因的干扰作用也可在受注射的线虫的子代中出现。目前对 RNAi 的机制还不清楚。

RNA ligase　RNA 连接酶　可将 RNA 分子连在一起的酶。

RNA splicing　RNA 剪接　真核生物基因转录产生初级转录物——异质核 RNA,它包含着基因的内含子序列;然后,通过 RNA 剪接过程将内含子序列剪除,外显子序列转录的 RNA 连接在一起,形成成熟的 RNA 分子,即信使 RNA。

ROC curve　ROC 曲线　ROC 分析于 20 世纪 50 年代起源于统计决策理论,后来应用于雷达信号接收能力的评价。ROC 曲线是根据一系列不同的二分类方式(分界值或决定阈),以真阳性率(灵敏度)为纵坐标,假阳性率(1-特异度)为横坐标绘制的曲线。传统的诊断试验评价方法有一个共同的特点,必须将试验结果分为两类,再进行统计分析。ROC 曲线的评价方法与传统的评价方法不同,无须此限制,而是根据实际情况,允许有中间状态,可以把试验结果划分为多个有序分类,如正常、大致正常、可疑、大致异常和异常五个等级再进行统计分析。因此,ROC 曲线评价方法适用的范围更为广泛。

R

S

SAGE　基因表达系列分析　见 serial anaglysis of gene expression。

saliva stain　唾液斑　唾液干燥后形成的斑痕,是法医物证检验中常见的生物检材。

sample standard deviation　样本标准差　样本方差的平方根为样本标准差,常简记为样本 S 或 SD。

sample variance　样本方差　求离均差平方的平均时,不除以 n,而是除以(n-1),称为样本方差。

sampling error　抽样误差　从总体中随机抽取若干份样本,其均数往往不等于总体均数,且均数之间存在差异。这种由于抽样造成的样本均数与总体均数的差别,称为样本均数的抽样误差。

Sanger-Cowlson method　桑格-库森法　以创建者名字 F. Sanger 命名的 DNA 测序技术。这项技术是以单链 DNA 为模板,一个短的 DNA 引物和 Klenow 酶合成一条互补 DNA 链。引物先同单链模板复性,然后把反应物分成 4 份,各加脱氧核苷三磷酸(dNTP)和双脱氧核苷三磷酸(ddNTP),使每个试管(每份反应物)中各有一种 ddNTP。Klenow 酶把 ddNTP 加在模板的互补碱基上,由于 ddNTP 没有 3′羟基所以就不能再加 dNTP,所以在 ddNTP 插入的位置上停止 DNA 链的延长,这样就生成了一套长短不一的片段,这些片段的一端都是共同的引物。每一份反应物中,有一种 dNTP 是标记的(常常是 $\alpha-^{32}$P-dATP 标记的),所以当 4 份反应物通过聚丙烯酰胺凝胶电泳再用 X 光底片对凝胶曝光,就会得到一种条带型式或梯状条带型式,根据这些条带所处的相对位置可以直接读出 DNA 序列。通常用 M13 噬菌体载体获得单链 DNA 模板。

satellite DNA　卫星 DNA　所有的串联重复 DNA 序列都称为卫星 DNA,按重复序列的长度和序列特征分成大卫星 DNA(macrosatellite DNA),小卫星 DNA(minisatellite DNA)和微卫星 DNA(microsatellite DNA)等主要类型。

scanning tunnelling microscopy(STM)　扫描隧道显微术　利用量子隧道效应,将原子线度的极细针尖在接近样品表面(小于 1 nm)处扫描,检测样品与针尖间隧道电流随距离远近而出现的变化,可获得样品表面的形貌。以 DNA 分子作为测试样品时,可望分辨出 DNA 糖-磷酸骨架上 4 种碱基的差别。目前已可分辨出 DNA 分子的螺旋结构和碱基对的排列。

scatter plot　散点图　考察相关性最简单而直观的办法是散点图。以两条互相垂直的坐标轴分别表示两个变量,n 对观察值对应于坐标平面的 n 个点,便构成一幅散点图。

Scientific Working Group on DNA Analysis methods(SWGDAM)　DNA 分析方法科学工作组　美国的第一个科学技术工作组,当时叫做 DNA 分析方法技术工作组(Technical Working Group for DNA Analysis Methods,简称为 TWGDAM)。在 90 年代初,TWGDAM 推出了 DNA 分析鉴定的各项指导标准,从而为 DNA 作为正式的法庭证据奠定了基础。现在 TWGDAM 更名为 SWGDAM,仍旧由 FBI 管理。

SDS-polyacrylamide gel electrophoresis(SDS‐PAGE)　SDS‐聚丙烯酰胺凝胶电泳　蛋白质电泳凝胶中加入 SDS,使蛋白质解离成单个多肽亚基,减少其聚集作用,用以测定蛋白质的分子质量。

secretor(Sec)　分泌型　除红细胞上有 H 抗原外,在约 80% 的人唾液中可由中和试验检出 H 抗原。

sedimentation coefficient(s)　沉降系数　在一定离心力作用场内,悬浮在密度较低的溶剂中的溶质分子的沉降速度。沉降系数是每单位离心物的沉降速度。绝大多数蛋白质的 S 值在 1×10^{-13} s 和 2×10^{-11} s 之间。把 1×10^{-13} s 这一沉降系数值定为一个斯维德伯(Svedberg)氏单位(S)。例如,沉降系数 2×10^{-11} s 就是 200 S。在一定的溶剂和温度条件下,沉降系数为分子的质量、形状以及水化程度所决定。

segment　体节　DNA 分子的某一段序列,或染色体上的某一段。

selfish DNA　自私 DNA　在分子进化遗传学中,曾认为一些 DNA 重复序列没有什么生物学功能,它们只是为了自身的复制和遗传而存在,故称之为"自私"DNA。

self-splicing　自我剪接　内含子可通过自我催化而从 RNA 中切离出来,这取决于内含子的 RNA 序列。

semen　精液　精液是一种含蛋白质、各种酶及果糖等多种成分的碱性乳白

S

色胶状液体。含蛋白质、各种酶、主要由精浆(seminal plasma)和精子细胞(sperm cell, spermatozoa)组成。正常的精子数量是 10^7 个/ml ～ 10^8 个/ml。

semiconservation replication　半保留复制　James Watson 和 Francis Crick 根据 DNA 的双螺旋模型提出的 DNA 复制方式,即 DNA 复制时亲代 DNA 的两条链解开,每条链作为新链的模板,从而形成两个子代 DNA 分子,每一个子代 DNA 分子包含一条亲代链和一条新合成的链。

seminal plasma　精浆　男性各附属性腺分泌物所组成的复杂的混合物,其中精囊液约占 60%,前列腺液占 30%,附睾和尿道球腺液约各占 5%。

seminal stain　精液斑　精液斑是精液浸润或附着于基质上,干燥后形成的斑痕。

sense strand　有义链　参见 coding strand。

sensitivity　灵敏度　评价诊断试验的指标之一。实际患病且被诊断为患者的概率,也称真阳性率。

sequence　序列　核苷酸在核酸分子中以及氨基酸在蛋白质分子中的依次顺序。

sequence-tagged site(STS)　序列标签位点　染色体上位置已定的、核苷酸序列已知的、且在基因组中只有一份拷贝的 DNA 短片段,一般长 200 bp ～ 500 bp。它可用 PCR 方法加以验证。将不同的 STS 依照它们在染色体上的位置依次排列构建的图为 STS 图。在基因组作图和测序研究时,当各个实验室发表其 DNA 测序数据或构建成的物理作图时,可用 STS 来加以鉴定和验证,并确定这些测序的 DNA 片段在染色体上的位置;还有利于汇集分析各实验室发表的数据和资料,保证作图和测序的准确性。

sequence polymorphism　序列多态性　DNA 序列多态性是指一个基因座上,因不同个体 DNA 序列有一个或多个碱基的差异而构成的多态性。可以理解为该基因座上所有等位基因 DNA 长度相同,但它们之间的序列存在差异。在基因组 DNA 中,无论是编码区或是非编码区,单碱基替换是最基础的突变形式。

sequencing　测序,序列测定　确定 DNA 分子或 RNA 分子中核苷酸的排列顺序,或确定多肽链中氨基酸的排列顺序。经典的序列测定技术有 sanger 双脱氧核苷酸链终止法和 Maxam 化学降解法。前者是利用 DNA 聚合酶作用,以靶 DNA 单链为模板合成一系列长短不同的 DNA 片段;后者则是采用特殊的化学试剂将靶 DNA 链降解为一系列长短不同的片段,然后对片段的末端碱基分析获取 DNA 序列的信息。

S

sequencing gel **测序凝胶** 一块长的聚丙烯酰胺凝胶,它的分辨率足以把长度只有 1 个核苷酸之差的 DNA 或 RNA 单链相互分开。用高电压进行电泳,凝胶呈垂直位置。凝胶混合物中常含尿素作为变性剂。这是防止单链分子内部进行碱基配对,以保证单链分子的相对迁移速度只由其长度决定。这些凝胶是用来由 Maxam-Gilbert 或 Sanger 顺序测定反应标记了放射性的产物。

sequence specific primer(SSP) **序列特异性引物** 利用针对点突变的 2 个等位特异性寡核苷酸(ASO)引物(A、B 标记其中之一)与另一共同引物组成的引物系统;在引物延伸时,A 与 B 同时竞争靶序列上同一复性位点,扩增反应后,经凝胶电泳及放射自显影,胶片上的显带就是标记同位素的引物所扩增的产物。

serial anaylysis of gene expression(SAGE) **基因表达系列分析**

serumtype **血清型** 人类某些血清蛋白具有遗传多态性,表型有个体差异,称为血清型。在法医学鉴定中应用的血清型主要有:结合珠蛋白、维生素 D 结合蛋白、α_2 - HS 糖蛋白、α_1 -抗胰蛋白酶、转铁蛋白、类黏蛋白、纤维蛋白溶酶原、间- α -胰蛋白酶抑制因子、抗凝血酶Ⅲ、同种异性遗传标记以及部分补铁蛋白等。

sex-determining region of Y, SRY gene **Y 染色体性别决定区,SRY 基因** SRY 基因位于 Y 染色体短臂,与假常染色体区相邻。基因转录序列长 1.1 kb,没有内含子,核心序列具有进化上的保守性,现在认为 SRY 基因就是睾丸决定因子(TDF)基因或男性性别决定基因。

short interspersed nuclear element(SINE) **短散在核元件** 以散在方式分布于基因组中的较短的重复序列。重复序列单元长度在 50 bp 以下。

short interspersed repeated sequence(SINE) **短散在重复序列**

short tandem repeat/simple tandem repeat(STR) **短串联重复** 又称微卫星 DNA 或简单重复序列,是目前在法医物证鉴定中应用最广泛的长度多态性遗传标记,它的重复单位短,仅 2～6bp,其长度多态性来源于重复单位拷贝数的个体差异。头尾衔接的短重复序列由于所含重复序列的份数不等而出现多态现象。STR 遗传符合孟得尔遗传定律。

short-gun sequencing method **鸟枪法** 鸟枪法实验是指将一个完整基因组或大片段 DNA 切割成的随机小片段克隆进载体,然后在其中选出某个基因;或是构成一个基因分子库,以后在其中筛选所要的序列;或是将小片段 DNA 逐一测序,然后连缀成大片段 DNA 或基因组的全序列。

sib-pair analysis **同胞对分析** 分析一对受累同胞出现同一种遗传标记的

S

概率,这是定位隐性性状的连锁分析法。基本原理是如父亲的标记基因为ab,母亲为cd,则其子女将是ac,ad,bc,bd,两个孩子有相同组合的概率为1/4,如2个孩子都是隐性性状(或疾病)的受累者,则一定共有位于疾病基因附近的遗传标记。因此,分析一对受累同胞共有的、且出现概率超过1/4的遗传标记,就可能找到与遗传标记连锁的致病基因。反之,如遗传标记出现概率远低于1/4,则可排除与该遗传标记连锁的基因为致病基因。

simple random sampling　单纯随机抽样　常用的抽样方法之一。单纯随机抽样要求事先对所有的研究对象编号,研究对象多时,难以做到。

simple repeated sequence(SRS)　简单重复序列　原核生物和真核生物基因组中均有这种重复序列,其基本构成单位为 1 bp～8 bp,呈串联重复。多半在基因编码区附近,基因内含子和非翻译区内,Alu 序列或卫星序列中也有。人类基因组内以$(dC-dA)_n \cdot (dG-dT)_n$重复序列[简称$(CA)_n$]为最多,$n$ 为 15～60,有 5 万～10 万份,平均每 30 kb～60 kb DNA 就有一个。又称为微卫星 DNA。

simple sequence length polymorphism map(SSLP map)　简单序列长度多态图　SSLP 是由拷贝数不等的短重复序列(由 2 个、3 个或 4 个核苷酸构成的重复序列)串联衔接而出现的 DNA 长度的多态现象。哺乳类动物基因组中最常见的简单序列重复是$(CA)_n$,n 是 CA 的拷贝数,不同个体的拷贝数也不同。小鼠基因组内$(CA)_n$重复出现约 10 万次,平均每隔 30 kb 有一个$(CA)_n$,即使是亲缘很近的个体或品系间也存在频率很高的多态现象。SSLP 图是以 DNA 片段长度多态性为标记构成的物理图。根据串联重复序列两侧的核苷酸序列设计引物,不同个体或不同品系实验动物经 PCR扩增出的 DNA 长度也不相同,这可作为作图的遗传标记。这种 SSLP 又可称为微卫星 DNA 多态性(microsatellite polymorphism);SSLP 图也可称为微卫星 DNA 多态图。

simple sequence repeat polymorphisms(SSRP)　简单重复序列多态性　又称微卫星 DNA 多态性,即由二核苷酸,三核苷酸或四核苷酸串联重复的拷贝数目不等而出现的多态现象。

single blind　单盲　根据盲态的程度可分为双盲和单盲两种临床试验。条件不完全具备时,可采用单盲设计。

single-copy DNA　单拷贝 DNA　每一(单倍体)基因组中只出现一次的基因或 DNA 序列。编码蛋白质的结构基因绝大多数是单拷贝基因。

single-locus probe　单基因座探针　单基因座探针具有基因座特异性,在高强度杂交条件下,形成单个基因座的 RFLP 图谱,显示出各等位基因的位置,并能依据其片段长度命名等位基因和被鉴定样本的表型。

single nucleotide polymorphism(SNP)　单核苷酸多态性　在人类基因组范围内,如果任何单碱基突变使特定核苷酸位置上出现两种碱基,其中最少的一种在群体中的频率不少于 1%,就形成单核苷酸多态性。人的基因组平均每1 300 bp有一个 SNP,其中有些 SNP 可能与疾病有关,但绝大多数与疾病无关。

single-strand　单链的　指只由一条多核苷酸链构成的核酸分子。某些只对雄性专一的噬菌体如 M13 的基因组是单链 DNA 分子。rRNA,mRNA 和 tRNA 都是单链核酸,但它们都有自身互补序列在链内配对形成的双链区。

single-strand conformational polymorphism(SSCP)　单链构象多态性　DNA 分子单链因碱基改变而造成的多态现象。测定 SSCP 可检测基因的点突变。野生型和突变型的 DNA 经变性形成单链,因碱基不同而出现不同的三维构象,当在非变性的聚丙烯酰胺凝胶中电泳时,其迁移速度也就有差别,可以此为检测指标。

single stranded DNA(ssDNA)　单链 DNA　没有互补链的单链(股)DNA 分子。

sister chromatid　姐妹染色单体　由一个着丝点连着的并行的两条染色单体,在细胞分裂的间期由同一条染色体经复制后形成的,在细胞分裂的间期、前期、中期成对存在,其大小、形态、结构及来源完全相同。细胞中每对姐妹染色单体之间的化学组成是一致的,DNA 分子的结构相同,所包含的遗传信息也一样。在有丝分裂和减数第二次分裂的后期,每对姐妹染色单体都随着着丝点的分裂而彼此分开。

slipped-strand mispairing(SSM)　滑动链错配　染色体 DNA 复制滑动形成的一种遗传变异形式。

small cytoplasmic RNA(scRNA)　质内小 RNA　细胞质内的小分子 RNA。

small interfering RNA,small intermediate RNA(siRNA)　小干扰 RNA,小介导 RNA　这是来源于"异常"("aberrant")RNA 的一种非编码 RNA,可以引发完全破坏靶 RNA 功能的过程。以"异常"RNA 为模板,在依赖 RNA 的 RNA 聚合酶(RdRP)作用下合成了双链 RNA(dsRNA),在 RNA 双链内切酶 Dicer 的催化下,产生 siRNA 双链体。有活性的长为 21~25 核苷酸(nt)的小 RNA 分子为"初级 siRNA",它可以识别 mRNA 上的靶序列,形成 RNA 诱导的静默复合体(RISC),在核酸内切酶作用下切割靶序列,使 RNA 降解而失去功能。另一方面,"初级 siRNA"也有可能成为靶

mRNA 上的引物,引发 RNA 的合成,产生更多个"次级 siRNA"。

small nuclear RNA(snRNA) 核内小 RNA 细胞核内的小分子 RNA。据认为在 hnRNA 剪切过程中,真核细胞核内的小分子 RNA 识别内含子序列加以精确切除中起作用。

small nucleolar RNA(snoRNA) 核仁内小 RNA 通过同被修饰位点附近的 DNA 序列进行碱基配对,以指导 rRNA,tRNA 和 ncRNA 的 $2'-O-$核糖-甲基化(C/D 框型)和假尿苷化(H/ACA 框型)。

small RNA(sRNA) 小 RNA 细菌中的一类非编码 RNA,起翻译调控因子的作用。

small temporal RNA(stRNA) 小时相 RNA 在线虫发育期间发现的控制发育时相程序的一些非编码 RNA。例如,lin4 和 let7,也属于 miRNA。这些 stRNA 通过同靶基因 mRNA $3'$端非翻译区相结合,控制靶基因的翻译。stRNA 是由酶(例如 Dicer)从其前体分子上切下,其结构同 siRNA 十分相似。

SNaPshot 基于引物延伸技术的 SNP 分型方法 是一种能进行复合分析的引物延伸分析技术。以荧光染料标记的 ddNTP 进行等位基因特异性引物延伸,通过电泳平台显示结果。包括三个步骤:扩增,引物延伸和分析。

snRNA 核内小 RNA 见 small nuclear RNA。

sodium dodecyl sulfate(SDS) 十二烷基硫酸钠 一种强的阴离子去污剂,常常与还原剂一起使用,或是加热从而使蛋白解离成单体,使蛋白质变性。

somatic cell 体细胞 多细胞生物体中除生殖细胞和生殖细胞前体细胞之外的所有细胞的总称。人体中含有 46 条染色体的细胞是体细胞。

species 物种 能互相交配产生成活后代的一群个体,构成一个物种。

species identification 种属鉴定 当可疑斑痕确定为血痕后,应确定其种属来源,明确血痕是人血还是动物血,必要时还需确定是哪种动物血。血痕的种属试验是血痕鉴定的一个关键,因为动物血中含有某些与人血液遗传标记类似的物质,如 A 及 B 抗原,若不进行种属鉴定,直接测定血痕的 ABO 血型,可误将动物血判断为人血,造成错案。即使采用 DNA 分析作个人识别,仍必须确定血痕是人血后才能做 DNA 分型检测。血痕种属鉴定有许多方法,包括血清学方法、细胞学方法、分子生物学方法及生物化学方法。以血清学的沉淀反应最为简便实用。

spermatid 精子细胞 人的精子是从睾丸的曲细精管中产生的。它由精原细胞开始,不断地分裂、分化,经过初级精母细胞、次级精母细胞、精子细胞的过程,最后经过变态成熟过程成为精子。成熟的精子形似蝌蚪,分头、尾两部。精子头的形状呈扁平椭圆形,长 3~5 μm,宽 2~3 μm,厚 1~2 μm,正面观呈卵圆形,侧面观呈梨形。头内有一个高度浓缩的细胞核,核的前 2/3 有顶体覆盖,顶体内含有多种与受精相关的重要酶,如顶体蛋白酶、透明质酸酶、酸性磷酸酶等。精子尾部又称鞭毛,长达40~60 μm,是精子的运动装置。尾部可分为颈段、中段、主段和末段四部分。颈段很短,其内有两个相互垂直的中心粒,其他 3 段内的主要结构是中心粒发出的轴丝。中段短,在轴丝外包有线粒体鞘,为鞭毛的运动提供能量。主段长,没有线粒体鞘,代之以纤维鞘。末段端,仅有轴丝。

split gene　割裂基因　真核生物基因的编码序列是由外显子和内含子相间相隔,形成不连续的镶嵌结构特征,这类结构断裂的基因称为割裂基因。

SRS　简单重复序列　见 simple repeated sequence。

SRY　Y 染色体性别决定区　见 sex-determing region of the Y。

SSCP　单链构象多态性　见 single-stranded conformational polymorphism。

standard error　标准误差　为与原变量的标准差相区别,样本均数的标准差习惯上又称为样本均数的标准误,简称标准误。

starch-iodine test　淀粉−碘试验　检查唾液斑中淀粉酶常用的方法。淀粉遇碘(I_2)呈蓝色,唾液中含有大量淀粉酶,能将淀粉分解为糖,糖与碘不呈蓝色反应。因此,将已知淀粉溶液与唾液斑作用后,再加碘,若不显蓝色,说明反应体系中淀粉已被唾液淀粉酶分解。然后再利用糖的还原作用验证淀粉分解产物糖的存在,便可判断检材中含有淀粉酶。

start codon(＝initiator codon)　起始密码子　这是指 mRNA 分子的 3 个核苷酸,核糖体由此开始翻译过程,起始密码子确定翻译的读码。最常用的起始密码子是 AUG,它在真核类中编码甲硫氨酸,在原核类中则编码 N−甲酰甲硫氨酸。AUG 似是真核类使用的唯一的起始密码子,细菌中则有时使用 GUG(缬氨酸)。

statistical description　统计描述　我们通常所说的对数据的统计学处理实际包括两个方面的工作:一是统计描述,二是统计推断。统计描述是数据处理的必不可少的基础性工作,它主要描述样本特征。

statistical inference　统计推断　我们通常所说的对数据的统计学处理实际包括两个方面的工作:一是统计描述,二是统计推断。正确的统计描述将为严格的统计推断奠定基础。

statistically significant　有统计学意义　为方便叙述,人们常将拒绝 H_0 说成"差别有统计学意义",简称"有统计学意义"。

stem cell　干细胞　一种未分化的细胞,可由此分化成各种特定类型的细

S

胞;其特点是细胞有丝分裂产生的 2 个子细胞中,一个继续保持未分化的状态,另一个则进入分化的途径。

stop codon(＝termination codon) **终止密码子** 这种密码子没有对应的 tRNA 分子,无法将一个氨基酸加在延伸中的多肽链末端,从而终止了蛋白质合成。终止密码子有 3 种: UAA(赭石型),UAG(琥珀型),UGA(蛋白型)。编码一种氨基酸的密码子突变成 3 种密码子中任何一种,称为无意义突变。终止密码子也称为无意义密码子。

stratified analysis **分层分析** 在多因素分析中为了控制混杂因素的作用还采用分层分析。

stratified randomization **分层随机化** 随机化分配一般能使干扰因素在各组的分布均衡,但并不一定能保证各组某些重要的干扰因素的均衡性。此时可先对可能影响实验结果的重要干扰因素进行分层,然后在每一层内进行随机化,这种方法称为分层随机化。

stratified sampling **分层抽样** 常用的抽样方法之一。先根据某种特征把研究对象分成若干类型、部分或区域,统计学上称为层,然后再从各层中进行随机抽样。

STRP **短串联重复序列多态性** 参见 short tandem repeat。

structural gene **结构基因** 编码蛋白质的基因。

structural genomics **结构基因组学** 研究构建高分辨的遗传图、物理图和转录图的分析基因组结构的一门学科,物理图的最精细的图谱就是全基因组的核苷酸序列图。

STS **序列标签位点** 参见 sequence tagged site。

stutter band/stutter peak **阴影带/影子峰** 在 STR 分型图谱中,常常在一个目标 STR 等位基因峰前小一个重复单位的位置出现一个信号较弱的峰。这种额外的峰就是由于 PCR 过程中的复制滑落形成的扩增片段,称阴影带或影子峰。通常情况下,stutter 峰的峰高或峰面积不应超过目的等位基因峰的 15%。扩增时减少样本 DNA 模板,降低电泳上样量以降低峰信号强度,提高峰阈值或采用峰信号过滤,可以消除 stutter 峰对分型的影响。

subject **对象** 根据不同的研究目的,实验对象可以是人、动物,也可以是某个器官、血清、细胞等。

supergene **超基因** 指真核生物基因组上紧密连锁的几个基因座位,它们作用于一个性状或一系列相互有关的性状。它相当于细菌中的操纵子。

supergene family **超基因家族** DNA 序列相似而功能不一定相似的若干

组基因家族的总称,或 DNA 序列相似而功能不一定相似的若干个单拷贝基因的总称。即一组由多基因家族和单基因组成的更大的基因家族。各成员间序列有不同程度的同源性,可能源于相同的祖先基因。

super secondary structure 超二级结构 蛋白质二级结构和三级结构之间的一个过渡性结构层次,在肽链折叠过程中,因一些二级结构的构象单元彼此相互作用组合而成。典型的超二级结构有 α 螺旋-转角- α 螺旋,α 螺旋- β 片层- α 螺旋。

suppression subtractive hybridization(SSH) 抑制消减杂交 这是将抑制 PCR 和消减杂交 2 种方法结合起来的一种实验方法,可有效地扩增低丰度的基因转录物和差别表达的基因转录物。其基本操作过程是:① 将测试(tester)cDNA 分成 2 份,在 cDNA 片段的 5′端分别连上接头 1 和接头 2。驱动(driver)cDNA 大大过量,不连接头。② 将驱动 cDNA 分别同 2 份测试 cDNA 混合,变性、退火,作第一轮消减杂交。结果产生 4 种分子:a 是测试 cDNA 单链分子,b 是退火生成的原来的测试 cDNA 双链分子,c 是单链的测试 cDNA 同单链的驱动 cDNA 退火生成的双链分子,d 是过量的多余的单链驱动 cDNA。③ 将上述 2 份经第一轮消减杂交后的 cDNA 样本混合,再加入新的过量的驱动 cDNA,变性、退火,作第二轮消减杂交。由此产生的分子除了上述的 a,b,c,d 4 种外,还有第 5 种分子(e)。这是在驱动 cDNA 分子中没有互补顺序的待测 cDNA,即差别表达的基因转录物;或是高丰度的 cDNA 被大量消减后,剩下的低丰度 cDNA 单链互补复性形成的双链 cDNA。④ 以接头 1 和接头 2 为模板,将 cDNA 3′端补齐成为平端,此时一共有 5 种分子。⑤ 按照接头 1 和接头 2 的 5′端外侧序列设计 PCR 引物后,进行 PCR 扩增。其结果是:a 和 d 不扩增;b 这一种 cDNA 的 5′端是接头序列,3′端是接头的互补序列,单链 cDNA 分子的 5′端和 3′端互补序列退火形成平锅状的结构,屏蔽了引物结合位点,也就无法进行扩增;c 呈线性扩增;只有 e 可以呈指数式地扩增,使差别表达的或低丰度的基因转录物的数量很快增加。

SWGDAM DNA 分析方法科学工作组 参见 Scientific Working Group on DNA Analysis methods。

T

Tag DNA polymerase　Tag DNA 聚合酶　从水生栖热菌 *Thermus aquaticus* 中分离纯化的 DNA 多聚酶,有较高的热稳定性,在 95℃ 下也无明显的不可逆变性,用于 PCR。

Takayama crystal test　血色原结晶试验　又称高山结晶试验。血红蛋白在碱性溶液中分解为正铁血红素和变性珠蛋白。在还原剂作用下,正铁血红素还原为血红素,同变性珠蛋白和其他含氮化合物(如吡啶、氨基酸等)结合形成血色原结晶。

Taq DNA ligase　Taq DNA 连接酶　从热栖菌 *Thermus aquaticus* 菌株 HB8(ATCC 27634)中分离出来的耐热 DNA 多聚酶,可在 65℃ 下反应。

tandem repeat　串联重复序列　串联重复序列的结构形式是以相对恒定的短序列作为重复单位,首尾相接,串联连接而成。在人类基因组中,串联重复序列约占 10%,主要分布在非编码区,少数位于编码区。现在所有的串联重复序列都称为卫星 DNA(satellite DNA),按重复序列的长度和序列特征分成大卫星 DNA(macrosatellite DNA),小卫星 DNA(minisatellite DNA)和微卫星 DNA(microsatellite DNA)等主要类型。

TaqMan technology　TaqMan 技术　是一种荧光实时定量 PCR 技术。TaqMan 技术中要求针对每个检测的 SNP 位点均设计一对引物和一对探针,即 PCR 扩增时在加入一对引物的同时加入一对特异性的荧光探针。示意原理图如下:

TaqMan probes　TaqMan 探针　是一种寡核苷酸探针,荧光基团连接在探针的 5′末端,而淬灭剂则在 3′末端。PCR 扩增时在加入一对引物的同时加入一个特异性的荧光探针,探针完整时,报告基团发射的荧光信号被淬灭基团吸收;PCR 扩增时,Taq 酶的 5′-3′外切酶活性将探针酶切降解,使报告荧光基团和淬灭荧光基团分离,从而荧光监测系统可接收到荧光信号,即每扩增一条 DNA 链,就有一个荧光分子形成,实现了荧光信号的累积与 PCR 产物形成完全同步。常用的荧光基团是 FAM、VIC、HEX。而新型 TaqMan‑MGB 探针使该技术既可进行基因定量分析,又可分析基因突变(SNP),有望成为基因诊断和个体化用药分析的首选技术平台。

TE buffer TE 缓冲液 这是含螯合剂乙二胺四乙酸(EDTA)的 Tris‑盐酸缓冲溶液的缩写,pH 7.5。这种缓冲液常用来溶解核酸,特别是 DNA。加入 EDTA 是为了结合重金属离子,阻止它们损伤 DNA。

Technical Working Group for DNA Analysis Methods(TWGDAM) DNA 分析方法技术工作组 TWGDAM 是美国的第一个科学技术工作组,在 20 世纪 90 年代初推出了 DNA 分析鉴定的各项指导标准,从而为 DNA 作为正式的法庭证据奠定了基础。

teichmann crystal test 氯化血红素结晶试验 血红蛋白受酸性作用,分解产生正铁血红素,其与氯离子反应生成氯化血红素结晶。游离氯离子由醋酸和氯化钠作用而产生。

telomerase 端粒酶 染色体端粒的末端序列(TAAGGG)$_n$ 不是随同染色体 DNA 分子合成的,而是通过端粒末端转移酶将末端重复序列转移上去的。

telomere 端粒 线性形式基因组 DNA 的末端都有一种特殊的结构,是一段 DNA 和蛋白质形成的复合结构,叫做端粒。端粒通常由富含鸟嘌呤核苷酸(G)的短的串联重复序列组成,伸展到染色体的 3′ 端。一个基因组内的所有端粒都有相同的重复序列组成,但不同物种的端粒的重复序列是不同的。哺乳类动物和其他脊椎动物端粒的重复序列中的保守序列是 TTAGGG,串联重复序列在 2 kb 到 20 kb 之间。

端粒的重复序列不是染色体 DNA 复制时连续合成的,而是由端粒酶合成后添加到染色体末端。端粒酶是一种核酸蛋白质复合物,由物种专一的内在的 RNA 作为模板,把合成的端粒重复序列加到染色体的 3′ 端。DNA 的合成是从模板链的 3′→5′ 方向延伸,在形成复制叉后,前导链连续合成,后随链合成不连续的子链,经消除 RNA 引物和连接酶作用下才形成连续的链,在后随链子链末端总是不完整的,留下单链尾巴。

此时,端粒酶将自身 RNA 模板合成的重复序列加在后随链的亲链 3′ 端,然后再以延长的亲链为模板,由 DNA 多聚酶合成子链。结果其末端同样也是不完整的。换言之,染色体每复制一个,端粒的重复序列要丢失一些,长度要缩短一些。当重复序列的长度缩短到一定限度时,可能是限制细胞分裂的一个因子。

人的生殖系细胞染色体末端比体细胞染色体末端长几千个碱基对,这

T

是因为迄今为止只发现在生殖系细胞里有端粒酶活性,而在包括干细胞在内的所有体细胞里则尚未发现端粒酶的活性。因此,体细胞每分裂一次,端粒重复序列就缩短一些。离体和体内的情况都是如此。这表明端粒重复序列的长度与细胞分裂的次数和细胞的衰老情况有关。体细胞分裂的次数一般在 50～100 次之间,这可能与端粒重复序列的丢失有关。可是,肿瘤细胞具有表达端粒酶活性的能力,使恶性肿瘤细胞得以无限地分裂增殖。为此,研究端粒酶的活性表达,也是研究肿瘤防治的一个途径。

将没有端粒结构的人染色体片段与长 500～1 000 bp 的(TTAGGG)n 连接,导入细胞后可起端粒的作用。端粒的作用在于保证染色体有线状结构的完整性和个体性。端粒位于细胞核内的周边,与建立细胞核的三维结构及减数分裂时同源染色体配对有关。

temperature-modulated high performance liquid chromatography（TmHPLC）温度调控高效液相色谱 参见 denaturing high performance liquid chromatography(DHPLC)。

template strand 模板链 对 DNA 复制而言,双链 DNA 中的 2 条链都是合成新的子链的模板链。

对 DNA 转录而言,指导合成 mRNA 的那条 DNA 单链,也就是与 mRNA 互补的单链称为模板链或反义链(antisense strand)。与 mRNA 序列相同的(除了 T 代替了 U)的那条 DNA 单链称为编码链(coding strand)或有意义链(sense strand)。

TGS 转录基因沉默 参见 transcriptional gene silencing。

threshold 荧光域值 PCR 反应前 15 个循环的荧光信号作为荧光本底信号,荧光域值是 PCR 3～15 个循环荧光信号标准差的 10 倍,荧光域值设定在 PCR 扩增的指数期。

threshold cycle C_T 值 达到荧光域值所需要的循环次数。模板 DNA 起始拷贝数不同,C_T 值即不同:起始拷贝数越高,C_T 值就越低。C_T 值与标准模板数量的对数值之间有严格的现性关系,利用系列标准模板的 C_T 值,制成标准曲线,根据待测样品的 C_T 值,即可通过标准曲线确定待测样品起始的 DNA 数量。

transcription 转录(作用) RNA 多聚酶(转录酶)合成 RNA 的过程,产生互补于 DNA 的单链 RNA,在某些病毒中则是互补于 RNA 模板。

thymin(T) 胸腺嘧啶 嘧啶碱的一种,主要用于参加 DNA 的合成。

T_m 解链温度 双链 DNA 或 RNA 分子变性成单链的温度。每种 DNA 各有自己的 T_m,是 DNA 分子碱基组成的一种指征。

trailer 119 transvertion

trailer sequences **尾随序列** mRNA 分子 3′端终止密码子后的非翻译序列。

transcriptional gene silencing(TGS) **转录基因沉默** 指由于 DNA 甲基化、异染色质化以及位置效应等引起的转录水平上的基因沉默。

transfer RNA(tRNA) **转移 RNA** 负责翻译 mRNA 所含遗传信息的 RNA 分子。转移 RNA 分子可通过链内碱基配对形成"三叶草"状的二级结构。反密码子环含有同 mRNA 分子中专一密码子互补的核苷酸三联体。每一个 tRNA 通过它的 3′腺嘌呤核苷酸在氨酰-tRNA 合成酶作用下,"装载"正确的氨基酸分子。

transgenics **转基因学** 分子遗传学的一个分支学科。运用转基因技术将外源基因转入动植物的合子或胚胎细胞中,观察与分析外源基因表达的生物学效应。

transgenome **转移基因组** 外源基因与受体细胞基因组 DNA(携带者 DNA,carrier DNA)一起转入受体细胞中,可形成转基因组。此时,外源基因在整合进受体细胞基因组之前,也可受转基因组中的启动子的作用而表达。

transition **转换** 特指碱基转换,是遗传信息突变的一种形式。在这种突变中,发生的是嘧啶与嘧啶的替代或嘌呤与嘌呤的替代。从理论上分析,转换的发生率要比颠换(transversion)高一倍。对编码区序列的研究发现,转换与颠换的频率略高于 2:1。

translation **翻译** 这是由核糖体实现的蛋白质合成过程,核糖体解译 mRNA 所含的信息密码。

transposition **转座(作用)** 转座子或插入序列插入同一 DNA 分子的新的位点或插入另一 DNA 分子的过程。确切的基质还有待研究,不同的转座子可能有不同的转座机制。细菌中转座,不要求在转座子和靶 DNA 间有很高的 DNA 同源性;因此,称这种现象为不正常重组。

transposon **转座子** 又称可移动 DNA 分子,能将自身转座至同一细胞中其他 DNA 序列上许多不同位点的一段 DNA。转座子转座后,在原来位置上仍保留转座子的一份拷贝,只是把一个新合成的复本插入到另外的位置上,并可以经过配子细胞传递给下一代。典型的转座子由转座酶基因和转座子两末端的反向重复序列(倒向重复)组成。转座子插入的地方不是固定的,可以是内含子,基因侧翼序列,甚至插入编码区。

transvertion **颠换** 基因突变时,基因内的嘌呤被其互补的嘧啶所置换,或嘧啶被与其互补的嘌呤所置换。例如,腺嘌呤和胸腺嘧啶间的互换,鸟嘌吟和胞嘧啶间的互换。从理论上分析,转换的发生率要比颠换(transversion)高一倍。对编码区序列的研究发现,转换与颠换的频率略高于 2 : 1。

treatment 处理 根据研究目的,研究者欲观察的作用于实验对象并引起直接或间接效应的因素,称为处理。

trend test 趋势检验 为排除抽样误差的影响,可进行趋势检验。

triplet 三联体,三联密码 编码一种氨基酸的 3 个核苷酸排列的顺序。解译遗传密码时,涉及装载的 tRNA 分子同化学合成的核苷酸三联体的结合。

Tris-acetate buffer Tris-醋酸盐缓冲液 这是含 Tris 碱基和醋酸的缓冲液。它常用于 DNA 或 RNA 得琼脂糖凝胶电泳或聚丙烯酰胺凝胶电泳。它含 40 mmol/L Tris 碱基,20 mmol/L 醋酸钠和 1 mmol EDTA,用冰醋酸调节到 pH 8.0。

Tris base Tris 碱 这是一种有机碱,常用于制备溶解核酸的缓冲液。它的全称是 Tris(hydroxymethyl)amino-methane 三(羟甲基)氨基甲烷。

Tris-borate buffer Tris-硼酸盐缓冲液,含 Tris 碱和硼酸的缓冲液 常用于 DNA 或 RNA 得琼脂糖凝胶电泳或聚丙烯酰胺凝胶电泳的缓冲液。它含 89 mmol/L Tris 碱基,89 mmol/L 硼酸,2 mmol/L EDTA(pH8.0)。

tRNA 转移 RNA 参见 transfer RNA。

TWGDAM DNA 分析方法技术工作组 参见 Technical Working Group for DNA Analysis Methods。

two-dimensional DNA electrophoresis, 2 - D DNA electrophoresis DNA 双向电泳 精确分析 DNA 片段中核苷酸序列差别的一种电泳技术。DNA 片段先在中性的聚丙烯酰胺凝胶或琼脂糖凝胶中电泳,按其片段的大小分开;然后将同样大小的 DNA 片段在变性剂梯度凝胶中电泳,使其按核苷酸序列的差别而分开。

two-dimensional DNA typing, 2 - D DNA typing DNA 二维分型 利用 DNA 双向电泳技术,作为研究 DNA 片段或等位基因多态性,寻找遗传标记的一种方法。

two-step lysis 两步消化法 参见 differential extraction。

two structural gene models 双结构基因模型 Rh 血型抗原由两个基因编码,RHD 编码 D 抗原,RHCE 编码 Cc/Ee 抗原。RHD 阳性人有 RHD 和 RHCE 基因,RHD 阴性人大部分只有 RHCE 基因而无 RHD 基因,但少部分人有无功能的 RHD 基因。RHD 和 RHCE 基因均为 10 个外显子和 10

个内含子。RHD 无等位基因,既无 d 基因,也必然无 d 抗原和抗-d 抗体。现在已经摒弃了 Rh 血型基因两个假说,即 Fiher-Race 等的 C,D,E 三个紧密连锁的基因位点学说和 Wiener 的 Rh-Hr 单一基因的多表位学说。

type Ⅰ error   **第Ⅰ类错误**   决策者拒绝 H_0 可能是错误的,这种错误称为第Ⅰ类错误。

type Ⅱ error   **第Ⅱ类错误**   决策者不拒绝 H_0 可能是错误的,这种错误称为第Ⅱ类错误。

T

U

U　尿嘧啶　参见 Uracil。

ultracentrifuge　超速离心机　这种仪器可使转头以极高的速度旋转,可达 65 000～100 000 转每分钟,产生比重力大 420 000 倍的力。这种离心力被用来分离细胞、颗粒或分子,分别根据它们的大小或密度达到分离目的。超速离心机有两类。一类是制备型超速离心机,用来制备纯化的生物物质的样品,供进一步的实验或分析之用。另一类是分析型超速离心机,用来直接测定当转头运转时在转头腔中样品的位置。为达到这一目的,离心管壁是用石英制成的,样品的行为可用紫外线或 Schlieren 光学系统来加以观察。

unequal crossing over　不等交换　非姐妹染色体之间的交换过程中,双方的地位是平等的,但交换的 DNA 的数量不一定相等,称作不等交换。

uniparental disomy　单亲二体　二倍体细胞中的一对同源染色体都来自同一个亲本(或是父方,或是母方)。一个亲本来源的一对等位基因有时会表现出不同于另一亲本来源的一对等位基因的生物学功能。

universal code　通用密码　这是指所有生物都通用的遗传密码。

Untranslated region　非翻译区　成熟 mRNA分子 $5'$ 或 $3'$ 端不被翻译的部分。

upstream　上游　① 对 DNA 或 RNA 而言,处于 $5'$ 端方向上的是为上游。② 对基因转录而言,处于 RNA 多聚酶行进的逆向方向为上游。③ 对蛋白质而言,处于 N 端一侧的为上游。④ 对于分阶段且相互衔接的系统工程而言,前期的工作是为上游。如基因克隆、载体构建,外源基因表达,产物分离纯化和生物活性测定等实验室工作是基因工程或生物技术的上游。同样的,即使是实验室工作,也可将处于前期的如基因克隆、载体构建等相对于外源基因表达和产物分离纯化等而言称为上游。

Uracil(U)　尿嘧啶　嘧啶碱的一种,主要用于参加 RNA 的合成。

UTR　非翻译区　参见 untranslated region。

V

vacuum transfer **真空转移** 是利用负压吸引原理的一种方法。将硝酸纤维素膜或尼龙膜放在真空室上面的多孔屏上,再将凝胶置于滤膜上,缓冲液从上面的一个贮液槽中流下,洗脱出凝胶中的核酸或蛋白质等,使其沉积在滤膜上。

vaginal peptidase(Vp) **阴道肽酶** 仅存在于女性生殖道分泌物中。可以用淀粉凝胶电泳检测。阴道拭子中 Vp 检测阳性率约 64%,所以阴性结果不能否定阴道液存在。在阴道液斑中 Vp 的检出期限为 7 个月。人血和其他体液中不含 Vp,故月经血及精液等不影响 Vp 检出。

validity **效度** 又称准确度,用以反映测量结果与"真值"的接近程度。

variable number of tandem repeat(VNTR) **可变数目串联重复** VNTR 既存在于小卫星 DNA 中,也存在于微卫星 DNA 中。由于命名习惯和为了便于区分,通常小卫星 DNA 中的可变数目串联重复序列称为 VNTR,而把微卫星的可变数目串联重复序列称为短串联重复序列。同种的不同个体的衔接重复序列中重复序列的拷贝数是不同的。

vector **载体** 凡来源于质粒或噬菌体的 DNA 分子,可以插入或克隆 DNA 片段的统称为载体。为此,载体应有一种或几种单一的限制位点,以使插入外源 DNA。凡能在宿主中自主复制从而使克隆的序列得以增殖的,称为克隆载体;凡能使外源 DNA 在宿主细胞中表达产物的,称为表达载体。载体分子应赋予宿主以某种十分明确的表型,这种表型或是能选择的如抗药性,或是很容易检出的如噬菌斑生成。

VNTR **可变数目串联重复序列** 参见 variable number trandem repeat。

W

Watson-Crick basepairing　沃森-克里克碱基配对　在 B 型 DNA 中 G 与 C、A 与 T 通过氢键互补碱基配对的型式。这是以提出 DNA 结构的双螺旋模型的 James Watson 和 Francis Crick 的姓氏来命名的。

weighted mean　加权平均　不同比重数据的平均数,就是把原始数据按照一定的比例计算。

Western blotting　蛋白质印迹法　一种类似于 Southern 转移的操作程序,只是这里是将蛋白质从聚丙烯酰胺凝胶转移到一种合适的固定基质上,如硝酸纤维素膜。结合在支持基质上的蛋白质,可用专一的抗体去鉴定是哪一种蛋白质。常用电泳印迹转移(electro-blotting)来完成蛋白质从凝胶到基质的转移。

wide type　野生型　一个基因或生物体常见的或非突变型的形式。最初这个词是用来表示该生物体在自然界("野生")通常发现的形式,慢慢地它具有更专门的意义。野生型是指在诱发程序开始时一个生物体的遗传组成。因此,遗传学家说的野生型品系,在他着手引入进一步的变化之前,可能早已含有一系列突变(标记)。

Wilcoxon rank sum test　Wilcoxon 秩和检验　从两个不同的总体中分别获得两个随机样本,当不满足 t 检验所要求两总体为等方差正态分布的前体条件时,可用 Wilcoxon 秩和检验,以考察两总体分布位置方面的差异。

XIC　X染色体失活中心　见 X inactivation center。

X inactivation center(XIC)　X染色体失活中心　启动 X 染色体失活的一个基因座，或染色体上的一个特定区段。小鼠以 Xic 表示，人以 XIC 表示。XIC 估计长 680 kb～1 200 kb。Xist 基因座在这个区段内。

X chromosome　X染色体

X‐STR　X染色体 STR 基因座　X‐STR 基因座(X‐STR)具有伴性遗传的特征。X‐STR 的遗传特征既不同于常染色体，也不同于 Y 染色体，表现为性连锁特征。

Y

YAC　酵母人工染色体　参见 yeast artificial chromosome。

yeast artificial chromosome(YAC)　酵母人工染色体　利用酵母着丝粒载体所构建的大片段 DNA 克隆。克隆载体上含有着丝粒、端粒、可选择标志基因和自主复制等序列,可携带插入的大片段 DNA(100~1 000 kb)在酵母细胞中有效地进行复制,如同微小的人工染色体,是基因组研究的有用工具。

Y chromosome　Y 染色体　Y 染色体是决定生物个体性别的性染色体的一种。Y 染色体 DNA 中,除(pseudoautosomal region/segment 拟常染区)外,Y 染色体上大部分不与 X 染色体重组,这些非重组部分的遗传标记从父亲直接传给儿子,呈稳定的父系遗传。子代男性中,每条 Y 染色体非重组部分 DNA 的多态性特征,毫无例外地一代一代呈父系单倍型遗传给儿子,具有高度的保守性和特异性。研究群体中 Y 染色体非重组部分 DNA 多态性,不仅可以追溯人类父系进化历史,在法医学个体识别、亲子鉴定及混合斑中男性成分的检测等方面具有独特的价值,是常染色体及 mtDNA 的重要补充。

Y linkage　Y 连锁　位于 Y 染色体上的基因的遗传现象。

Y-linked inheritance　参见 holandric inheritance。

Youden's index　Youden 指数　评价诊断试验的指标之一。指真阳性率与假阳性率之差。

Y-SNP　Y 染色体 SNP 位点　Y-SNP 是一种重要的遗传标记,目前主要应用于分子人类学。1999 年,宿兵等对包括中国各省份的汉族和少数民族,以及东北亚、东南亚、非洲、美洲和大洋洲总共 925 个个体的不同人群,利用 19 个 Y-SNP(Y 染色体单核苷酸多态位点)构成了一组 Y 染色体单倍型,系统地研究了包括中国各人群在内的现代东亚人的起源和迁徙。结果

Y

显示包括中国各人群在内的所有现代东亚人群的 Y‐SNP 单倍型均来自较晚发生的突变,而更早的类型仅存在于非洲。

Y‐STR Y 染色体 STR 基因座 Y‐STR 是一种重要的遗传标记,与常染色体 STR 基因座相比,大多数 Y‐STR 基因座具有复杂的串联重复结构:一个基因座内常含有两种以上不同的重复单位,恒定重复序列和可变重复序列同时存在。国际法医遗传学会(International Society of Forensic Genetics,ISFG)已于 2001 年和 2005 年先后发表了两份关于 Y‐STR 的应用指导建议,详细阐述了有关术语、基因座及其等位基因的命名原则、群体遗传学等问题。

Y

Z

Z-form DNA   Z 型 DNA   参见 zigzag DNA。

zigzag DNA(Z‑DNA)   Z 型 DNA   DNA 双链分子的一种形式。它的双螺旋是左旋的而不是右旋的。当单链上嘌呤和嘧啶交替排列时，DNA 取 Z 型。例如：

$$CGCGCGCG \text{ 或 } \quad CACACACA$$
$$GCGCGCGC \quad\quad GTGTGTGT。$$

已知真核类染色体中存在 Z‑DNA，但它的功能还不清楚。

"zinc finger" DNA binding motif   "含锌指状"DNA 结合基序   "含锌指状"结构是一个蛋白质域，它由重复的半胱氨酸和组氨酸、或重复的半胱氨酸在一个金属离子(锌)四周形成的一个四面体排列，因其形状如同手指而称为"指状"结构。这种蛋白质结构可与 DNA 的主沟相结合，起基因调控作用，是一种转录因子。

Zoo blot   动物基因组印迹杂交，Zoo(音若)印迹杂交   这是指用同一个分子探针与各种动物的基因组 DNA 作 Southern 印迹杂交，研究不同种动物的某一 DNA 序列的同源程度或保守程度。在鉴定某一 DNA 序列是否为基因或外显子时，Zoo 印迹杂交是检测方法之一。可将待鉴定的 DNA 序列制成分子杂交探针与多种动物的基因组 DNA 作为 Southern 印迹杂交，如都能成功地杂交，表明这一 DNA 序列在物种之间有很大的保守性，即序列有很高的同源性，有可能是基因或外显子。

Zoo-FISH interspecies chromosome painting   (动物)种间染色体涂染   用种间同源 DNA 序列为探针，对不同物种的染色体作荧光涂染，可以鉴别出同源染色体区段(包括种间同源基因或种间同源序列)在不同物种染色体上的位置。参见 chromosome painting。

zygote   合子   雄雌配子经受精形成的二倍体细胞。

中 文 索 引
（按笔画排序）

一　画

二　画

三　画

五　画

六　画

七　画

八　画

十 画

十一画

十四画

十八画